湖北汽车工业学院教材建设项目
湖北省人文社科重点研究基地武当文化研究与传播中心学术基金支持

武当太和拳

陈玲 著
岳武 传授

人民体育出版社

图书在版编目（CIP）数据

武当太和拳 / 陈玲著；岳武传授. -- 北京：人民体育出版社，2024

ISBN 978-7-5009-6458-2

Ⅰ.①武… Ⅱ.①陈… ②岳… Ⅲ.①拳术—中国—教材 Ⅳ.①G852.19

中国国家版本馆CIP数据核字(2024)第089274号

*

人民体育出版社出版发行
北京新华印刷有限公司印刷
新 华 书 店 经 销

*

710×1000　16开本　10印张　175千字
2024年6月第1版　2024年6月第1次印刷
印刷：1—1,500册

*

ISBN 978-7-5009-6458-2
定价：42.00元

社址：北京市东城区体育馆路8号（天坛公园东门）
电话：67151482（发行部）　　邮编：100061
传真：67151483　　　　　　　邮购：67118491
网址：www.psphpress.com
（购买本社图书，如遇有缺损页可与邮购部联系）

学术顾问

武当山道教协会会长
武当山道教学院院长　　　刘文国

湖北省人文社会科学重点研究基地
武当文化研究与传播中心主任、教授　　　杨立志

湖北省"非遗"保护项目
武当纯阳秘功代表性传承人　　　岳武（蔡星生）
国家运动养生处方贡献本土专家
国家武术高段位七段

序

　　武当武术是传统武术的一大名宗,享誉国内外。2006年5月,武当武术被国务院列入国家非物质文化遗产保护名录,武当太和拳是武当武术中的优秀拳种之一。

　　2021年8月,中共中央办公厅、国务院办公厅印发了《关于进一步加强非物质文化遗产保护工作的意见》(以下简称《意见》),明确提出,将非物质文化遗产内容贯穿国民教育始终,构建非物质文化遗产课程体系和教材体系,出版非物质文化遗产通识教育读本。加强高校非物质文化遗产学科体系和专业建设,支持有条件的高校自主增设硕士点和博士点。建设一批国家非物质文化遗产传承教育实践基地。鼓励非物质文化遗产进校园。《武当太和拳》的编撰与出版正迎合了《意见》中传统文化进校园的时代要求,对增强大学生民族自信心、自豪感和激发爱国热情都具有重要的时代效应和现实价值。

　　武当太和拳原为武当山道内本山拳,承传于武当龙门派纯阳门,属武当武术基础性拳法。拳套简单朴实、难度适中、易教易学,适宜个人和集体习练。2001年,由十堰柳林武功院第一次对外集体展演武当太和拳,随后武当太和拳得以广泛传播,成为武当武术代表性的传统拳种之一。近年来,我们尝试着在普通高校武术选修课及留学生的武术课程中加入了武当太和拳的内容,深受学生喜爱，效果良好。这为普通高校特色学科设置教学内容建设、为传统武术进校园开拓了新的思路和途径。

湖北汽车工业学院的领导十分重视传统文化的继承和发展工作，为传统文化进校园工程进行了总体设计、提出了切实可行的实施方案，为《武当太和拳》的编撰和出版提供了有利的政策环境和物质保障，功在当代，利在千秋。

陈玲副教授毕业于武汉体育学院武术专业，深谙武当武术的技术魅力与功效，遍访名师，虚心求教，致力于编撰继承与推广工作达十余年之久，《武当太和拳》一书就是其成果之一，这种不懈努力的精神难能可贵。该书以套路展示为基础，详细地介绍了全套的动作方法与技击技巧，是一本具有练打结合特色的书籍，也是读者学习攻防格斗术的好教材。期望这本书的问世，能为广大武术爱好者带来启发和教益。是为序！

中国武术九段

2022年6月10日

目 录

第一章 武当太和拳概述……………………………（001）

　一、武当太和拳源流……………………………………（001）
　二、武当太和拳特色……………………………………（002）

第二章 武当太和拳动作基础……………………（003）

　一、手型手法……………………………………………（003）
　二、步型步法……………………………………………（011）
　三、基本动作……………………………………………（018）

第三章 武当太和拳动作图解……………………（021）

　一、无极起势（混沌初开）……………………………（021）
　二、运转乾坤……………………………………………（025）
　三、环抱太极……………………………………………（029）
　四、分开两仪……………………………………………（032）
　五、分合阴阳……………………………………………（037）
　六、天地合一……………………………………………（038）
　七、翻天覆地……………………………………………（041）
　八、雷火炼殿（闪电手）………………………………（044）
　九、左开玄门……………………………………………（046）

十、右开玄门……………………………………………（047）

　　十一、一柱擎天…………………………………………（048）

　　十二、狮子峰……………………………………………（051）

　　十三、绣球峰……………………………………………（055）

　　十四、青龙摆尾…………………………………………（057）

　　十五、黑虎巡山…………………………………………（060）

　　十六、天鹅展翅…………………………………………（061）

　　十七、醉打金钟…………………………………………（062）

　　十八、五龙捧圣…………………………………………（062）

　　十九、白蛇吐信…………………………………………（064）

　　二十、金龟摆头…………………………………………（067）

　　二十一、天柱峰…………………………………………（069）

　　二十二、八卦转运殿……………………………………（069）

　　二十三、返璞归真（收势）……………………………（071）

第四章　武当太和拳实战招式拆解……………………（075）

　　一、无极起势……………………………………………（075）

　　二、运转乾坤……………………………………………（078）

　　三、环抱太极……………………………………………（080）

　　四、分开两仪……………………………………………（085）

　　五、分合阴阳……………………………………………（088）

　　六、天地合一……………………………………………（090）

　　七、翻天覆地……………………………………………（091）

　　八、雷火炼殿（闪电手）………………………………（093）

　　九、左开玄门……………………………………………（095）

　　十、右开玄门……………………………………………（096）

　　十一、一柱擎天…………………………………………（100）

　　十二、狮子峰……………………………………………（103）

十三、绣球峰……………………………………………（106）
　　十四、青龙摆尾…………………………………………（108）
　　十五、黑虎巡山…………………………………………（111）
　　十六、天鹅展翅…………………………………………（113）
　　十七、醉打金钟…………………………………………（114）
　　十八、五龙捧圣…………………………………………（116）
　　十九、白蛇吐信…………………………………………（118）
　　二十、金龟摆头…………………………………………（121）
　　二十一、天柱峰…………………………………………（122）
　　二十二、八卦转运殿……………………………………（124）
　　二十三、返璞归真（收势）……………………………（126）

附录……………………………………………………………（129）

　　一、拳论…………………………………………………（129）
　　二、功论…………………………………………………（133）
　　三、剑器论………………………………………………（137）
　　四、习武论………………………………………………（140）

后记……………………………………………………………（147）

参考文献………………………………………………………（148）

第一章 武当太和拳概述

一、武当太和拳源流

武当太和拳源于道家，原为武当山道内本山拳，几经辗转，传承于武当龙门派内。长期以来因受道规影响，多为小范围心传口授，从不留文字图谱，几尽失传。

所幸20世纪80年代武当道门永光道长打破陈规，提供演示，大江先生倾心拍图整理，遂将此拳谱公诸于世。武当龙门派纯阳门弟子细摩图谱，精演套路，揣其技法，得悟道长指点后，形成今天广泛流传于世的基础套路。

从2000年始，武当太和拳在武当武术代表性传承人岳武（蔡星生）传授下，先于十堰柳林武功院用作武当武术基础套路试点推广，深受广大武术爱好者欢迎；随后按照当地武术协会的要求，将此拳推广至各单位，即进机关、进企业、进社区、进学校、进军营"五进"，社会反响很好。

2007年，经中国武术协会审定，国家体育总局武术研究院监制，录制大型电视教学系列片《中华武藏》——武当纯阳门之二，武当太和拳作为武当武术基础性拳法套路面向全世界推广发行。

2008年开始我们将武当太和拳进一步规范整理，从源流特色、拳法基础、套路名称、动作分解、招式拆解等方面进行了大量试验教学，并结合当代大学生的特点对个别地方进行调整，列入大学生武术套路比赛项目，已有多位学子取得良好的成绩。

目前，笔者作为武当龙门派纯阳门第24代传人，历经10年研修和5届大学生试验教学，修笔累牍，终成此书。

二、武当太和拳特色

（一）武当太和拳动作特色

武当太和拳总共22式（起势和收势为无极势，故而视之为一式）。究其22式之制定，大致为天干十数与地支十二数之合数，内含太极、阴阳、五行、八卦周流运化之理，以赞化育之道。武当太和拳22式，由无极而生太极，由太极分开两仪，运动阴阳，阴阳交合运变，最后复归无极，处处体现着圆旋、中正、松静、柔绵之动。武当太和拳行功奥要，立如峰稳，动若云悠，一动百动，一静百静。稳稳静者如无极、坚不可摧，牢不可破；悠悠动者似太极，阴阳合和，运化生机。稳时无物无我，动时得意忘形。柔至极，慢至极，方能坚至极，快至极。武当太和拳贵在太和。太和乃至极，至极乃无极。太和亦大和，大和亦大合。此谓人之一身，行功时五官七窍、四肢百骸乃至毛孔细胞，无一处不相和。

（二）武当太和拳表现特色

一是场地要求低。左右横开一步，方圆之地，即可整套练习；二是动作与呼吸紧密配合。具体表现为"一动一静一呼吸"；三是动作朴实无华，难度不大，人人可学可会；四是每招每式均含内家防卫特色；五是套路运行路线简单，便于集体演练。千人演练，风格独具，气势恢宏。

第二章　武当太和拳动作基础

一、手型手法

（一）手型

1. 阴阳八卦手

男士手诀：右手握空心拳，左手拇指插入右拳眼按于右手心（劳宫穴）处，左手其余四指抱于右拳面和拳背之上。两手环抱成子午阴阳诀，亦即阴阳八卦手。（图2-1）

图2-1

女士手诀：左手握空心拳，右手拇指插入右拳眼按于左手心（劳宫穴）处，右手其余四指抱于左拳面和拳背之上。两手环抱成子午阴阳诀，亦即阴阳八卦手。（图2-2）

图2-2

2. 八字掌

四指并拢伸直，拇指自然伸开，即成"八字掌"。（图2-3）

3. 拳

四指屈拢收于掌心，大拇指第一关节屈压在食指第二关节上。（图2-4、图2-5）

图2-3　　图2-4　　图2-5

4. 勾

五指第一指节捏拢在一起,屈腕。(图2-6)

图2-6

5. 虎掌

五指分开,拇指外展弯曲,其余四指第二、第三节指骨弯曲但不贴拢。(图2-7)

图2-7

6. 握固掌

四指分开伸直,拇指指腹按压握固穴。(图2-8)

图2-8

(二)手法

1. 托掌

五指自然分开微屈,虎口成弧形,掌心向上,由下向上托起,沉肩坠肘,力达掌心。(图2-9、图2-10)

图2-9

图2-10

2. 按掌

五指微屈自然分开，虎口成弧形，掌心向下，拇指向内，由上向下按压，力达掌心。（图2-11～图2-13）

图2-11　　　　　　图2-12　　　　　　图2-13

3. 旋掌

掌心向上或向下，以腕为轴，由内向外或由外向内水平旋转。（图2-14～图2-16）

图2-14 　　　　　　图2-15 　　　　　　图2-16

4. 推掌

掌由腰间向前推出，掌心向前，指尖向上，转腰、顺肩、力达掌外沿。也可以掌由胸向前推出，掌背向前，指尖向内，顺肩、力达掌背。（图2-17、图2-18）

图2-17 　　　　　　　　　　图2-18

5. 架掌

屈臂外旋上举，掌架于额前斜上方，掌心斜向外，力达手臂外侧及手掌外沿。（图2-19）

图2-19

6. 插掌

八字掌或握固掌直掌向前或向下插入,力达指尖。(图2-20)

图2-20

7. 分掌

两掌向身体两侧分开下压,分掌后,两手按于两胯旁,两臂成弧形。(图2-21、图2-22)

图2-21 　　　　图2-22

8. 立掌

两手交叉，指尖向上，舒指坐腕，力达掌根。（图2-23）

图2-23

9. 劈掌

八字掌，手心向一侧，直臂由上向下抡劈，力贯前臂及手掌外沿。（图2-24、图2-24附图）

图2-24 　　　　　　图2-24附图

10. 穿掌

八字掌，指尖向前，掌沿大腿内侧经小腿内侧向前伸出。（图2-25、图2-25附图）

图2-25 　　　　　　　图2-25附图

11. 抱掌

两掌体前稍错开交叉相叠，掌心均向后或均向上成抱球状，掌要撑圆，臂成弧形，松肩垂肘。（图2-26、图2-27）

图2-26 　　　　　　　图2-27

12. 顶勾

勾形手，五指向下，手臂自然伸直，由下往上快速发力，力达手腕。（图2-28、图2-29）

图2-28　　　　图2-29

13. 反臂拳

手握空心拳，拳心向后，手臂自然下垂，以肘关节为轴，翻转前臂发力击打，拳心向上，力达拳背。（图2-30、图2-31）

图2-30 　　　　图2-31

二、步型步法

(一) 步型

1. 并步

自然站立，两腿伸直，两脚并拢，重心落于两脚下。（图2-32）

图2-32

2. 弓步

两脚前后分开一大步，前腿屈膝前弓，大腿斜向地面，膝盖与脚尖上下相对，脚尖微内扣；后腿自然伸直，脚跟蹬地，脚尖微内扣，全脚掌着地。弓左腿为左弓步（图2-33）；弓右腿为右弓步。（图2-34）

图2-33 　　　　　　　　图2-34

3. 马步

两脚开步站立，与肩同宽或稍宽，两腿屈膝半蹲，大腿略高于水平或水平。（图2-35）

图2-35

4. 横开步

两脚左右分开一步，横向之间保持与肩同宽或稍宽，两腿自然伸直，全脚掌着地，重心落于两腿之间。（图2-36）

图2-36

5. 丁步

两腿屈膝半蹲，一只脚全脚掌着地，另一只脚脚尖内扣在支持脚内侧虚点地面，脚面绷直。（图2-37）

图2-37

6. 交叉步

自然站立，一脚向另一脚前或后移动成交叉步。左脚在前为左交叉步（图2-38）；右脚在前为右交叉步。（图2-39）

图2-38 　　　　　　　　　图2-39

7. 仆步

两脚左右开立，一腿屈膝全蹲，大腿和小腿贴紧，全脚掌着地，另一腿挺膝伸直，脚尖内扣，仆左腿为左仆步（图2-40）；仆右腿为右仆步。（图2-41）

图2-40 　　　　　　　　　图2-41

8. 虚步

两脚前后开立，后脚外展成45°，屈膝半蹲，前脚脚面绷直，脚尖稍内扣虚点地面，膝微屈，重心落在后腿上，左脚在前为左虚步（图2-42）；右脚在前为右虚步。（图2-43）

图2-42 　　　　　　　　图2-43

9. 三体式步

前脚脚尖向前，后脚脚尖外展45°，两脚全脚掌着地，后脚跟与前脚在一条直线上；两腿微屈，两膝微内扣，两脚距离约一小腿长，重心偏于后腿。也可以前脚尖微内扣，后脚尖正向前，两脚内侧在一条线上，两脚全脚着地，前膝微内扣，两脚距离约一小腿长，重心偏于右腿。左腿在前为左三体式步（图2-44）；右腿在前为右三体式步。（图2-45）

图2-44 　　　　　　　　图2-45

10. 独立步

一腿支撑，微屈站稳直立，另一腿屈膝提于身前，脚尖自然下垂或勾起。左腿提膝为左独立步（图2-46）；右腿提膝为右独立步。（图2-47）

图2-46 　　　　　图2-47

（二）步法

1. 上步

后脚向前一步或前脚向前半步。（图2-48、图2-49）

图2-48 　　　　　图2-49

2. 侧行步

两脚平行，脚尖朝前依次向侧方移步。（图2-50～图2-52）

图2-50

图2-51

图2-52

3. 跟步

后脚向前跟进半步。（图2-53~图2-55）

图2-53 　　　　图2-54 　　　　图2-55

4. 摆扣步

两腿微屈，内侧脚向前上步外摆，外侧脚向前上步内扣，拧腰向圆心，重心平稳，不可忽高忽低。（图2-56、图2-57）

图2-56 　　　　图2-57

三、基本动作

（一）肘法

1. 撞肘

两手握空心拳，拳心向下，屈肘于胸前，肘尖外展，用力向两侧顶出。（图2-58～图2-60）

图2-58

图2-59

图2-60

2.滚肘

八字掌或空心拳,前臂向上屈臂于胸前,内旋或外旋撅挡。(图2-61~图2-63)

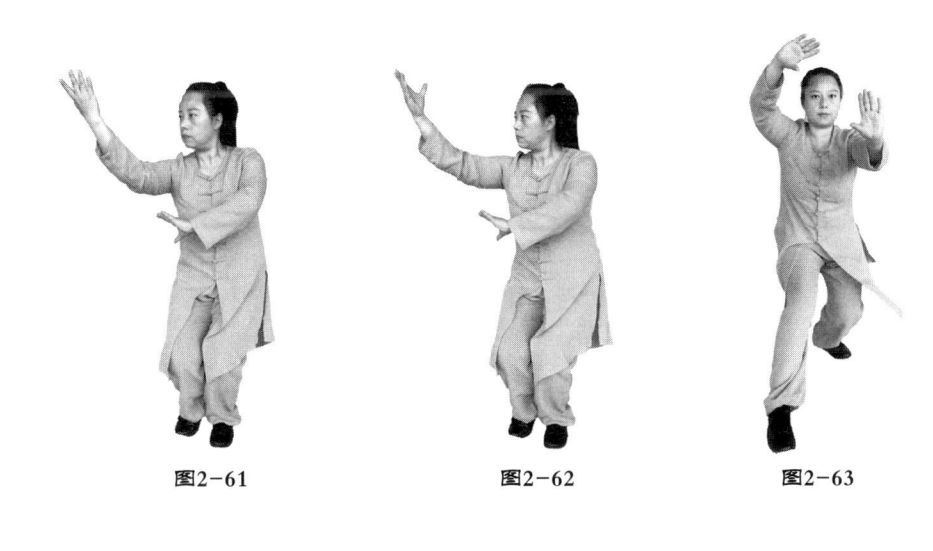

图2-61　　　　图2-62　　　　图2-63

(二)靠法

用肩背后侧或外侧挤推,整劲快速发力。(图2-64、图2-65)

图2-64 　　　　图2-65

（三）眼法

定势时，目视前方或两手，换势时，势动神随，神态自若，全神贯注。（图2-66）

图2-66

（四）身法

总的要求：端正自然，不偏不倚，舒展大方，以腰为轴，旋转自如。

（五）身型

虚灵顶劲，沉肩坠肘，含胸拔背，松腰松胯，提肛敛臀，伸屈自然。（图2-67、图2-68）

图2-67 　　　　　图2-68

第三章　武当太和拳动作图解

一、无极起势（混沌初开）

① 身体自然直立，两脚跟并拢，两腿自然伸直。两臂垂于体侧，头颈正直，下颌微收，舌抵上腭；呼吸自然；目视前方。（图3-1）

图3-1

② 左脚向左外开步，两脚间距与肩同宽；两臂侧平举，掌心向上。（图3-2）

图3-2

③ 两掌上举于头顶上方，两臂成环状，掌心斜向下，虎口向后。（图3-3）

图3-3

④ 两掌缓缓向前合拢，掌心向下，指尖相对；再沿体前下按至丹田前。（图3-4、图3-5）

图3-4　　图3-5

⑤ 两掌转腕，掌心斜向前，指尖向下。（图3-6）

图3-6

⑥ 两掌向前弧形抬起至与肩平，掌心向上，指尖向前。（图3-7）

图3-7

⑦ 两掌缓缓向额前收拢，两臂成环形，掌心斜对前胸，指尖相对，两掌间距约同额宽。（图3-8）

图3-8

⑧ 两掌缓缓收至锁骨前方，掌心向下。（图3-9）

图3-9

⑨ 两掌沿体前下按至丹田前。（图3-10）

图3-10

图3-11

⑩ 转掌，左掌心抱于右掌背，成太极手诀。抱于丹田前，目视前方。（图3-11）

注：右手拇指尖环状相掐，左手拇指从右手虎口插入，顶在右手无名指根节处，余四指并拢抱于右掌背上。右手无名指根节为子诀，中指尖为午诀，此乃子午诀。所以为形合太极，亦称"阴阳八卦手"。可调节人体阴阳水火，使血气周流畅通。（图3-11附图）

子诀

午诀

子午诀

图3-11附图

【说明】

无极势要求两脚十趾稍有抓地之感，涌泉穴（脚掌心）含虚，两膝微屈，以膝尖不超过脚尖为度。身体保持中正，收腹提肛，含胸拔背（腹微收，肛有自提之势；胸微含，背有自拔之形，此二者皆是为调其身体中正），虚领顶劲（意觉脖颈中空，并微拉脖颈使其中空之气上提百会。若调节得法，必使百会至尾闾会阴有一气相融之感。微拉脖颈时，下颌须内收）。舌尖微上仰，轻抵上腭，上下齿微叩闭，口中津液泌溢，能显示身法达要，气血畅通，此时须分数口轻轻咽下。双目平视前方，保持心意纯静，不被外物所牵。

无极起势亦为武当道门站桩功法。站之得法，全身会有虚无飘渺之感，气之行身，无处不通，无处不透。初学者必有不得其法之处，对此不可焦急，当循序渐进，领会理法，一次纠一个错，十次便纠十个错，久而久之，自会得其奥妙，渐入佳境。

动作要点：静心凝神，虚灵顶劲，身正平和。

二、运转乾坤

① 右手从左手抽出变空掌，提至右侧乳下（期门穴处），掌心向下，指尖向左；左手五指微屈，虎口成圆向上，置于左小腹前；重心略移于右腿。（图3-12）

图3-12

② 左脚收于右脚内侧，脚尖点地成左丁步；同时，右掌向外侧划圆提至右胸前，掌心向下，指尖向左，肘、臂与肩平；左掌向右移于右腹侧，掌心向上，指尖向右外，两掌成抱球状；目视右前方。（图3-13）

图3-13

③ 左脚向左侧方摆跨一步，重心落于右腿成右弓步；同时，右掌向右侧方划弧，臂成环形，指尖斜向上，高与鼻平；左掌收至丹田前；目视右掌。（图3-14）

图3-14

④ 身体重心缓缓左移，左脚尖外展成左弓步；同时，右掌弧形下划经右膝上方划至左大腿根内侧前方，掌心向左，指尖向下；左掌向左大腿上侧划弧至左侧方，臂伸直，掌高与鼻平，指尖向左，虎口向上；目视左掌。（图3-15、图3-16）

图3-15 　　　　　　　　　图3-16

⑤

　　重心右移,两腿屈膝下蹲成马步;同时,左掌向前划弧至左颌侧,掌心向下,指尖向右;右掌上移至丹田前,掌心向上,两掌成抱球状;目视前方。(图3-17)

图3-17

⑥

　　重心缓缓左移成左弓步;同时,左掌向左划弧至臂部略直,掌心向左,指尖向上,高与鼻平;右掌向右收至右小腹前,掌心向上;目视左掌。(图3-18、图3-19)

图3-18 　　　　　　图3-19

⑦

　　身体重心缓缓右移，两腿屈膝成马步桩；同时，左掌弧形下收至左胯前侧，掌心含空、向右，指尖向下；右掌向右侧上方划弧至与肩平，掌心向下、含空；目视右掌。（图3-20）

图3-20

⑧

　　马步不变；右掌继续向前划弧，环臂收至胸前，掌心向下，指尖向左；左掌右移至丹田前，掌心向上，两掌成抱球状；目视前方。（图3-21、图3-22）

　　动作要点：开胯敛臀，臂圆手圆，阴阳转换。

图3-21 　　　　　　　　图3-22

三、环抱太极

① 上体缓缓左转，左腿略伸膝成左虚步；同时，左掌沿右腹侧划弧，经胸前移至左肩前侧，指尖向右，虎口向上；右掌贴护于左腕部内侧，指尖向上，两臂成环状；目视左前方。（图3-23）

图3-23

② 动作不停。两臂不变，以腰为轴，缓缓向左后转动约90°；目视左后方。（图3-24、图3-24附图）

图3-24 　　　图3-24附图

③ 上体缓缓向回转至左前侧时，右掌沿左掌下转腕成掌心向上，左掌随之转腕成掌心向下，两掌成抱球状。（图3-25）

图3-25

④ 左掌贴护于右腕内侧，右掌心向里，虎口向上；随之，上体缓缓向右、向后转动约180°；目视右后方。（图3-26、图3-27）

图3-26    图3-27

⑤

　　上体向前回转至正前方时，左掌转腕用掌背贴于右掌鱼际，右掌心贴于左掌背；随之，身体重心缓缓抬起，两腿略上伸，两臂环状上抬，掌高与颌平；目视前方。（图3-28、图3-29）

图3-28 　　　　　　　　图3-29

⑥

　　重心缓缓下沉，两腿屈膝；同时，右掌翻转，掌心向下，下按于膻中穴前；左掌心按在右掌背上。（图3-30）

图3-30

⑦

身体重心下沉至两大腿与地面平行；同时，两掌向下缓缓分开，弧形分至两膝外侧，略高于膝，掌心向下，指尖向前；目视前下方。（图3-31、图3-32）

动作要点：敛臀沉胯，腰随胯转，两臂撑圆。

图3-31　　　　　　图3-32

四、分开两仪

①

接上势。左腿缓缓蹬伸，重心移于右腿成右弓步；同时，两掌缓缓向两侧弧形伸抬至与肩平，掌心向下，指尖向外；目视右前下方。（图3-33）

图3-33

② 左脚向右脚内侧收拢，脚尖点地成左丁步；同时，两臂与肩平齐，掌心向下；目视前方。（图3-34）

图3-34

③ 吸气，两臂向头顶上方犹如仙鹤展翅般举起，两掌背在头顶上方相碰，指尖向上；同时，左腿屈膝提起，身体有向上升提之动作。（图3-35、图3-36）

图3-35 　　　　　　图3-36

④ 两掌在头顶上方一碰即分开，呼气，两掌轻柔地向两侧下落，至与肩平时，坐腕立掌，指尖向上；同时，左脚下落，脚尖点地于右脚内侧，重心下沉，右腿屈膝屈蹲成左丁步；目视前方。（图3-37~图3-39）

图3-37

图3-38

图3-39

图3-40

⑤ 左脚向左侧方横开一步，脚尖向外，脚跟虚悬成左虚步；同时，两掌略下沉，掌心向下，指尖向外；目视前方。（图3-40）

⑥

　　身体重心移于左腿，左腿屈膝略蹲，右脚收至左脚内侧，脚前掌虚点地面；同时，右掌向下划弧至右小腹前方，掌心向下，指尖斜向左前上方；左掌向右划弧至右前臂上方，掌心向下，指尖斜向右前上方；目视前下方。（图3-41）

图3-41

⑦

　　左腿缓缓伸立，右腿屈膝在身前提起；同时，右掌上抬，指尖上翘；左掌根贴住右腕上侧成交叉掌，高与下颌平，两臂略成环状，置于右膝上方，指尖向上；目视前方。（图3-42、图3-43）

图3-42 　　　　　　　　　图3-43

⑧

两掌不变;重心下沉,左腿屈膝下蹲,右脚向前方45°落步,脚尖点地成右虚步;目视前方。(图3-44、图3-45)

图3-44 　　　　　　　　　　图3-45

⑨

右脚在地面向外划圆弧收于左脚跟内侧,脚尖点地成右丁步;同时,两掌交叉不变向前推,与右膝成垂线。(图3-46)

图3-46

⑩

两手姿势不变;右脚沿地面经正前方向右划圆弧,落步屈膝成右弓步。(图3-47)

图3-47

⑪

　　右弓步不变；两掌交叉不变，向前伸臂推出，高与肩平；目视前方。（图3-48）

　　动作要点：立身提膝，屈蹲中正，虚实分明。

图3-48

五、分合阴阳

①

　　身体略后坐，右脚尖上翘；同时，两掌屈指成勾手，勾尖向下；目视前下方。（图3-49）

图3-49

图3-50

②

　　重心落于左腿，左膝微屈；右腿伸直，脚后跟着地，脚尖上翘；同时，两勾手向下，经腰际向后划弧伸臂于体后侧，臂伸直，勾尖向上。（图3-50）

③

右脚尖前压，右脚与地面踏实，右腿屈膝成右弓步；两勾手经肋侧收至两乳侧，虎口贴乳侧，勾尖向下；目视前方。（图3-51）

图3-51

图3-52

④

右脚前掌落地；两勾手外转变掌伸于胸前，右掌背贴于左掌心上，指尖向前；目视前方。（图3-52）

动作要点：括弧缠腿，立掌撑圆，勾手后坐。

六、天地合一

①

右弓步不变；两掌相贴向前穿出，至臂与肩平；目视前方。（图3-53）

图3-53

② 身体重心移于左腿，左腿屈膝蹲立，右脚尖上翘，右腿伸直；同时，右掌向内屈腕，指尖向上；左掌抱住右掌背；目视右掌。（图3-54）

图3-54

③ 下盘动作不变；右掌内旋，掌心向下，指尖向左；左掌心仍按于右掌背上；目视前下方。（图3-55）

图3-55

④ 右脚前掌落地，右腿屈膝成右弓步；同时，两掌翻转，掌心相贴合十，左掌在上，右掌在下，指尖向前；随即伸臂向前穿出，高与肩平；目视两掌。（图3-56、图3-57）

图3-56 　　　　图3-57

⑤

身体重心左移，左腿屈膝，右腿伸直，右脚尖上翘；同时，两掌合十向上划弧至头顶左侧方，右掌在上，左掌在下，指尖斜向前上方；目视右前方。（图3-58）

图3-58

图3-59

⑥

右脚前掌落地，上体左转成左弓步；同时，两掌向左前划弧，高与下颌平，指尖斜向上；目视两掌。（图3-59）

⑦

右脚尖内扣，重心落于右腿，左腿伸膝，左脚尖上翘；同时，两掌收至面前，左掌在下，右掌在上，指尖向左；目视左前方。（图3-60、图3-61）

图3-60 　　　　　　　　　图3-61

⑧

左脚前掌落地，右腿蹬伸成左弓步；同时，两掌向前穿出，直至臂直，高与额平；目视左前方。（图3-62、图3-63）

动作要点：肩胯相对，腰胯领劲，力达指尖。

图3-62 　　　　　　图3-63

七、翻天覆地

①

重心右移，右腿屈膝蹲立；左腿伸直，左脚尖上翘，脚后跟着地；同时，右掌经左腕内侧下移至左胸侧，掌心斜向左下方，指尖斜向左前方；左掌略内收，掌心向内，指尖向上，肘略屈；目视左前方。（图3-64）

图3-64

② 动作不停。右掌继续向下移至右小腹侧时，变为掌心向左，指尖向下，继向右前上方划弧，至与肩平，掌心向下，指尖向右前方；左掌向颌前下方按至脘前，翻掌成掌心向里上，指尖斜向右下方；同时，左脚前掌落地，重心前移成左弓步；目视右前方。（图3-65、图3-66）

图3-65 　　　　　　　　图3-66

③ 右掌继续向左前划弧至左肩前方，指尖向左前方；左掌向左侧弧形收移，高与胸平，两掌成抱球状；同时，重心落于左腿，右脚提起经过左脚踝关节内侧向前上步，右腿略伸直，左脚跟略抬悬成右虚步；目视右掌方向。（图3-67、图3-68）

图3-67 　　　　　　　　图3-68

④ 身体重心右移，右腿屈膝成右弓步；同时，右掌向下经腹前向右后侧方划弧伸臂，高与胯平，掌心向下，指尖向前；左掌向左上方提至与头高时，转掌成掌心斜向左上方，伸臂推出，高于头，两掌有如拉弓之意；目视右前方。（图3-69、图3-70）

图3-69 　　　　　　　　图3-70

⑤ 身体重心移至两腿之间，两腿屈膝，左脚跟提悬，脚前掌着地；同时，右掌转腕，指尖斜向前下方；左掌转腕成指尖向下，两掌似抱一个大球体；目视右前方。（图3-71）

动作要点：顺腰顺肩，手臂撑圆，沉髋后坐。

图3-71

八、雷火炼殿（闪电手）

① 以腰为轴，两脚前掌碾地，两掌抱球姿势不变，快速向左转体约360°；右指尖向下，掌心含空；目视左前方。（图3-72~图3-74）

图3-72

图3-73

图3-74

② 右脚向前上一步，脚跟先着地，继而落步屈膝前蹲成右弓步；同时，右掌向下，经腹前划弧收至腋后，掌心向左，指尖向上，掌背贴住左上臂外侧；左掌向右前方推出，高与肩平，指尖向上；目视左掌。（图3-75~图3-77）

图3-75

图3-76

动作要点：立圆翻转，以腰带肩，两手抱圆。

图3-77

九、左开玄门

① 左脚尖抬起向左外展，上体左转成左弓步；同时，右掌向右斜下方划弧伸臂，掌心向右，指尖向后下方；左掌经头顶向左划弧前劈，高与头顶平，掌心斜向左上方，指尖向上；目视左掌方向。（图3-78）

图3-78

图3-79

② 左弓步不变；左掌向下经胸前划弧至右腋后，指尖向上，掌背贴往右上臂外侧；同时，右掌向上，经过头顶向左前方劈掌，高与鼻平；目视右掌。（图3-79）

③ 左脚蹬地发力，重心移至右脚；同时，右肩向后撞，右掌随肩的后撞拉至左肩前方，掌心向左，指尖向前；目视右掌。（图3-80）

动作要点：立圆劈掌，沉髋捌靠，力达肩背。

图3-80

十、右开玄门

① 右腿蹬伸，重心移于左腿成左弓步；同时，左掌向左腰外侧划弧，置于左大腿外侧上方，掌心向下，虎口向右；右掌向上，经额前向右侧方划弧劈掌，掌心向前，虎口向下，高与肩平；目视右后方。（图3-81）

图3-81

② 右脚向左脚内侧收拢，脚尖点地成右丁步；同时，右掌转腕收至右肋前，掌心向上，指尖向左；左掌向左外上方划弧举臂，掌心向上，高与颔平；目视右前方。（图3-82）

图3-82

③ 右丁步不变；左掌向右经额前向前劈，高与鼻平，指尖向上，虎口斜向上；同时，右掌上收护于左前臂内侧下方，掌心向左，指尖向上；目视前方。（图3-83）

图3-83

④

　　右脚向右前方45°上步，脚尖点地成右虚步；同时，右掌沿左前臂内侧向前穿出成托掌状，肘、腕屈成弧形，高与鼻平；左掌下按，护于右前臂下方，掌心向下，指尖向右前方；目视前方。（图3-84）

图3-84

⑤

　　右虚步不变；右掌向前推劈，力达掌根，指尖斜向前上方；同时，左掌下按于右肋前侧，掌心向下；目视右掌。（图3-85）

　　动作要点：以腰带胯，直膝穿掌，沉髋坐腕。

图3-85

十一、一柱擎天

①

　　身体重心由左腿支撑，右脚尖由前经左脚内侧向右前方逆时针划平圆，脚尖向内勾；同时，右掌随右脚划圆，自前方向左划半圆收至腹前，掌心向上，指尖向左；左掌经左腰侧向左划弧抬臂于左侧上方，高与头平，掌心向右，指尖斜向上方；目视前方。（图3-86）

图3-86

②

右脚向右侧开步，前掌落地，上体右转约90°成左虚步；同时，右掌向右侧上方划弧，斜举伸臂，高与头顶平，掌心斜向右；左掌向右，经面前划弧至胸前，掌心向下，指尖向右；目视右前方。（图3-87、图3-88）

图3-87　　　　　　　　　图3-88

③

重心继续右移，左脚尖上翘，左脚后跟着地，左膝伸直；同时，上体左转约90°，右掌随转体向左划弧，举于头顶右侧上方，掌心向左，指尖向上；左掌旋转收至左腰间，掌心向下；目视左方。（图3-89、图3-90、图3-89附图）

图3-89 　　　　　图3-89附图 　　　　　图3-90

④ 左脚前掌落地，右腿蹬伸成左弓步；同时，右掌下收，与颌平，掌心斜向上，指尖斜向前上方；左掌前穿于右前臂内侧，掌心向上；目视右掌。（图3-91）

图3-91

⑤ 身体右转90°，重心移于左腿，右腿屈膝在身前提起；同时，左掌向上伸臂举起，掌心向右，指尖向上，高过头顶；右掌护于右上臂内侧，掌心向左；目视前方。（图3-92、图3-93）

动作要点：弧形内扣，虎掌拧胯，提膝中正。

图3-92 　　　　　　图3-93

十二、狮子峰

① 右脚下落，经左脚踝关节内侧向右前方贴地伸出，重心下沉，左腿屈膝深蹲成右仆步；同时，左肘屈落，高于头顶，指尖向上，掌心向右；右掌护于左上臂内侧；目视前方。（图3-94、图3-95）

图3-94

图3-95

② 右仆步不变；右掌向下，经裆前向右膝前地面弧形穿出，指尖向前，虎口向上，掌棱接近地面；左掌向下，经胸前落至右上臂下方，掌心向内，指尖斜向下。（图3-96）

图3-96

③

身体重心右移,左腿伸直,右腿深蹲成左仆步;同时,向左转身,右掌经右小腿内侧向前、向上、向左划弧过头顶,向左脚地面按落;左掌右穿,护于右腋后侧,掌背贴住右臂外侧,掌心向右,指尖向上;目视右掌。(图3-97~图3-99)

图3-97

图3-98

图3-99

图3-100

④

身体上提,两腿屈膝蹲成马步;同时,右掌向上划弧架于头顶前上方,掌心斜向下,指尖斜向左上方;左掌下按于腹部前,掌心向里,虎口向上。(图3-100)

⑤ 身体重心左移，右腿蹬伸成右弓步；同时，向左转身约90°，右掌向右后方劈，掌心向后，指尖向右，高与胸平；左掌向左划弧，经左膝内侧伸臂于左前方，高与腰平，掌心向右，指尖向前；目视左掌。（图3-101）

图3-101

⑥ 身体右转，左腿深蹲，臀部下落成右仆步；同时，左掌向上划弧过头顶，向右膝前内侧按落，虎口对右膝内侧；右掌向下划弧过裆部至左肋侧，掌背贴住肋部；目视左掌。（图3-102、图3-103）

图3-102 　　　　　　　图3-103

⑦

身体上提,两腿屈膝成马步;同时,左掌指尖上翘,掌心向后,两臂成交叉状,上身略向右膝上方前俯;目视左掌。(图3-104)

图3-104

⑧

左腿蹬伸,重心右移成右弓步;同时,两掌成勾手,右勾手向右前上方提顶,勾尖向下,高与头顶平;左勾手向左经裆前向后反勾,勾尖向上,高与腰平;目视前方。(图3-105、图3-106)

动作要点:沉髋躬身,穿掌如梭,行气劈掌。

图3-105    图3-106

十三、绣球峰

① 右弓步不变；右勾手略下落与额平；同时，左勾手下收于小腹右侧，虎口贴腹面；目视前方。（图3-107）

② 右弓步不变；右勾手不动，左勾手变掌向上划弧置于左肩前，掌心斜向下，指尖向前；目视前方。（图3-108）

图3-107

图3-108

③ 右脚脚尖内扣，上体左转成左弓步；同时，左掌向前方划弧，至左胸前方时，重心后坐，左脚尖翘起，用脚跟碾地向左外转；左掌继续向左外侧方划弧，右勾手伸臂随转体至两臂一字平肩。（图3-109~图3-111）

图3-109 　　　　　　图3-110 　　　　　　图3-111

④ 动作不停。左脚前掌落地，重心前移，右脚收于左脚跟处，脚尖点地成右丁步；同时，右勾手变掌，与左掌一齐向后、向下划弧收于腰间，掌心向前，指尖向下；目视前方。（图3-112）

图3-112

⑤ 右脚向前上步，脚跟先着地，继而脚掌落地，左腿蹬伸成右弓步；同时，两掌十指略张开向前方伸出，相抱成十宝印（掌心空含，虎口成圆，十指指尖相贴）；目视两手。（图3-113、图3-114、图3-114附图）

动作要点：屈膝立身，以腰带臂，扩胸外展。

图3-113

图3-114

图3-114附图

十四、青龙摆尾

① 身体重心移于左腿，右腿伸膝，右脚脚尖上翘；同时，右掌收于右腰间，掌心向上；左臂前伸不变；目视左掌。（图3-115）

图3-115

② 右脚脚尖内扣落地，左转约90°，左脚脚尖上翘外展；同时，左掌掌心向下，环臂平肩，随转体向左侧方划弧。（图3-116、图3-117）

图3-116

图3-116附图

图3-117

图3-117附图

③ 左脚脚掌落地，以腰为轴，上体继续左转约90°。（图3-118）

图3-118

④ 动作不停。左脚脚尖外摆，右脚上步，右脚脚尖点地，落于左脚内侧成丁步；同时，左掌伸臂向左侧下方劈落，高与胸平、虎口向上；右掌护于腹前；目视左掌方向。（图3-119）

图3-119

⑤ 右掌向左上划弧，经左肋至左肩前，掌心向上；左掌收于腰间；同时，右脚向右前方伸腿落步，脚跟着地，脚尖上翘；目视左前方。（图3-120、图3-121）

图3-120 　　图3-121

⑥

右脚脚掌落地，左腿蹬直成右弓步；同时，右掌向前、向右伸臂划弧，掌心向上。（图3-122、图3-123）

图3-122 　　　　　　　图3-123

⑦

动作不停。向左转身成左弓步；同时，右掌收于腰间，掌心向上；目视左前方。（图3-124、图3-125）

动作要点：勾脚后坐，拧腰旋胯，手到眼到。

图3-124 　　　　　　　图3-125

十五、黑虎巡山

① 两掌抱腰不变；右脚脚尖外展，脚跟着地，前脚脚掌悬离地面；同时，左脚脚尖内扣，右转约180°成右弓步。（图3-126、图3-127）

图3-126 　　　　　图3-127

② 两掌向前下方插出，高与右膝平，掌心斜向外，指尖斜向前下方；目视前下方。（图3-128、图3-128附图）

动作要点：沉髋立身，腰随胯转，手领肩随。

图3-128 　　　　　图3-128附图

十六、天鹅展翅

① 身体重心后移，左腿屈膝，右脚脚尖上翘，脚跟着地；同时，两腕交叉，左掌掌背贴住右掌掌背，右掌掌心向下；两掌收至腹前时，左右分开至与腰平，成勾手，勾尖向下。（图3-129、图3-130）

图3-129 　　　　　　　图3-130

② 右脚脚掌落地成右弓步；同时，两勾手弧形提起至额前上方，两臂伸直，勾尖向下；目视前方。（图3-131、图3-131附图）

动作要点：勾脚后坐，后蹬耸肩，腰背伸展。

图3-131 　　　　　　　图3-131附图

十七、醉打金钟

① 重心移于左腿，左脚脚尖内扣，左腿屈膝蹲立，右脚向左脚内侧前方收步，脚尖点地；同时，右勾手五指散开，掌心含空，弧形下落于右膝上方与丹田平，掌心向里，虎口向前；左勾手伸指成掌，置于右肩前，掌心向右，指尖向上；目视前下方。（图3-132）

图3-132

② 右脚向右跨进一步，左脚跟步推劲成右半马步；同时，右掌握拳向腹部内收，继而向前翻拳弹出，高与鼻平，拳心向上，力达拳背；左掌向右下按，护于右肋侧，掌心向右侧下方，指尖向上；目视右拳。（图3-133）

动作要点：屈膝含胸，手脚同步，旋臂发力。如面向南起势，打金钟的方向为正西偏北（约45°）。

图3-133

十八、五龙捧圣

① 身体重心左移，右腿伸直，右脚脚尖上翘，右脚脚跟着地；同时，右拳伸指成掌，掌心与指尖斜向上，高与鼻平；左掌护于右肋处不变；目视右掌。（图3-134）

图3-134

② 右脚脚尖内扣落地，两膝成内扣状（类似于南派钳阳马）；同时，上体左转约180°，右掌竖臂随转体立于身体右方，掌心向内，高于头顶；左掌护于右肋不变；目视右前方。（图3-135）

图3-135

③ 向右转身，左脚上前一步，脚尖翘起并外展落地，右脚收步于左脚脚后跟处，脚尖点地，两膝均屈蹲；同时，左掌向左腰间下收，随即提至左肋侧，掌心向内，指尖斜向右；右掌随转体划弧至面前时，沿胸前下压至丹田前方，掌心向下；目视前下方。（图3-136~图3-138、图3-138附图）

图3-136

图3-137

图3-138

图3-138附图

④

右脚向前方迈一步，左脚跟步催劲成三体式步；同时，右掌向前上架于额前上方，指尖向左，虎口向下；左掌向前抖劲推出，掌心向前，指尖向上，高与肩平；目视左掌。（图3-139、图3-140）

动作要点：三体桩式，急速跟步，整劲发力。如面向南起势，五龙捧圣的方向为正东偏南（约45°）。

图3-139　　　　　图3-140

十九、白蛇吐信

①

右脚脚尖上翘，膝部伸直，重心落于左腿；同时，左掌向左外下方划弧，置于左腰侧方，掌心向下；右掌左转约45°，裹臂成掌心向内。（图3-141）

图3-141

② 右脚脚尖内扣落地，两膝内扣成钳阳马状；同时，左转约45°，左掌向左移动，指尖向左，虎口向前，高与腰平；右掌向左肩外侧划弧，指尖向左，虎口向上；目视左前下方。（图3-142、图3-142附图）

图3-142 　　　　图3-142附图

③ 动作不停。左掌继续向左、向上划弧，屈臂置于左肩前方，掌心向右，指尖斜向上；上体右转约90°；右掌下按于右腰侧，掌心向上，指尖向左；目视右前方。（图3-143、图3-144、图3-143附图）

图3-143 　　　　图3-143附图 　　　　图3-144

④

左脚脚尖上翘外展，上体左转约90°；同时，左掌向右下划弧至左胸前，掌心向上，指尖向右；右掌向右、向上划弧伸臂与肩平，掌心向左，指尖向上；目视右前方。（图3-145、图3-145附图）

图3-145 　　　　　　　　　图3-145附图

⑤

左脚脚掌落地，右脚脚跟提悬，右脚脚掌蹬地向左送力成脚尖蹬地，左腿屈膝成左弓步；同时，左掌向左大腿上方划弧，掌心向下，指尖斜向前下方，高与左大腿根平；右掌向左，经面前划弧至身前，掌心向右，指尖向前；目视前下方。（图3-146）

图3-146

⑥

身体左转约180°，重心落于左腿，右腿屈膝在身前提起成左独立步；同时，随转体左掌向前抬起，掌心向外，指尖向前，高与头平；右掌置于右大腿上方，掌心向上；目视前方。（图3-147）

图3-147

⑦

身体右转，右脚向前方落步，脚跟先着地，继之脚前掌落地，左腿伸膝，成右弓步；同时，左掌向头顶举臂亮掌，掌心向上，指尖向前；右掌向前方穿掌，高与咽喉平，掌心向上，指尖向前；目视右掌。（图3-148、图3-149）

动作要点：两手内裹，身正胯旋，提膝含胸。

图3-148　　　　　　　　　图3-149

二十、金龟摆头

①

左脚脚尖外展，重心移于左腿，左腿屈膝，右脚脚尖上翘，向内扣步，左转约180°成左弓步；同时，两掌合掌于额前上方，随转体向左划弧，指尖向上，高与头平。（图3-150、图3-151）

图3-150 　　　　　　　　　图3-151

②

　　动作不停。右脚脚尖外展，左腿蹬伸，右转体180°成右弓步；同时，两掌随转体向下，经裆前划弧至右膝内侧，指尖斜向前下方。（图3-152~图3-154）

　　动作要点：两手合掌，肩胯相对，以胯带腰。

图3-152

图3-153 　　　　　　　　　　　　图3-154

二十一、天柱峰

重心落于右腿，左脚向右脚内侧收步，继而左腿屈膝上提于左腹前，脚尖向下，右腿独立成右独立步；同时，右掌向右、向上弧形上举亮掌，掌心向上，指尖向左，臂略屈；左掌护于右腋前，掌心向右，指尖向上；目视前方。（图3-155、图3-156）

动作要点：直身立腰，独立平稳，手臂弧形上举。

图3-155 　　　　　　图3-156

二十二、八卦转运殿

① 左脚弧形向左前方落步，脚尖外展约90°；两掌姿势不变；目视左前方。（图3-157）

图3-157

② 身体微左转，右脚经左脚内侧向左弧形扣步约90°。（图3-158）

图3-158

③ 身体微左转，右脚尖内扣约90°，左脚经右脚内侧划弧摆步。（图3-159）

图3-159

④ 身体左转，右脚经左脚内侧向左划弧扣步约90°，两膝内扣成钳阳马状；目视前方。（图3-160）

注：设想地面有一圆圈，两脚循圆走圈，走四步，还于原位，两掌姿势始终不变，如八卦的趟泥步走转。

动作要点：弧形走圈，脚趾抓地，重心平稳。

图3-160

二十三、返璞归真（收势）

① 两膝外分成马步；同时，左掌向左下外侧划弧，伸掌于左下方，掌心向后，指尖向下，高与臀部平，右掌向右、向下按，高过头顶，指尖向上；目视右前上方。（图3-161）

图3-161

② 马步不变；右掌在身前划弧一周半收于左腋后侧，掌心向左，指尖向左上；左掌向上、向右划弧于右肩前，掌心向右，指尖向上，两臂交叉于胸前。（图3-162、图3-163）

图3-162 　　　　　　图3-163

③

马步不变；两掌握拳，猛然向左右抖劲分崩两肘，肘高与肩平，两拳分别置于胸部云门穴前，拳心向下，拳眼向里；目视前方。（图3-164、图3-165）

图3-164 　　　　　　　图3-165

④

重心左移，右脚脚跟提悬；同时，两拳变掌向下、向两侧分开，掌心向前，指尖斜向下，高与腰平；目视前方。（图3-166）

图3-166

⑤

右脚向左收半步，两脚与肩同宽，身体直立成开步；同时，两掌向上划弧，收至额前，掌心斜向下，指尖相对。（图3-167、图3-168）

图3-167 　　　　　　　　　图3-168

⑥

两掌沿胸前下按至丹田处，相抱成太极诀；目视前方，身体松沉。（图3-169、图3-170）

图3-169 　　　　　　　　　图3-170

⑦ 松掌下落于身体两侧，指尖向下；左脚脚跟收靠于右脚脚跟，两脚脚尖外展成八字状；目视前方，调匀呼吸。（图3-171、图3-172）

注：行拳时，舌抵上腭，呼吸自然，心意清净。

动作要点：以意导气，气沉丹田，体松自然。

图3-171　　　　　　　　　　　图3-172

第四章 武当太和拳实战招式拆解

武当太和拳不但能练气养生、延年益寿，还可用以技击实战。武当太和拳各势均以化为发，以防为攻，攻守合一，虚实结合，刚柔并济，一动百动，连绵不断，无论来犯者从前后左右而来，皆能轻松应对。

本章将武当太和拳实战技击术分解出来，以供读者按法索骥，继而灵活变通，体悟武当太和拳技击之奥妙。

一、无极起势

1. 技击法一

①双方对峙。（图4-1）

图4-1

②对方（着黑衣者）进步用右拳击打我方面部。我方（着蓝衣者）左脚上步，左掌从内向外拦对方右前臂内侧，阻截住对方右拳的进攻。（图4-2）

图4-2

③我方右脚前移，左掌顺着对方右前臂滑至其腕部，抓住其右腕，右掌上扬击对方面部。（图4-3）

图4-3

④当对方仰面避躲之际，我方两掌向前上合，将对方右臂担于我左肩上。（图4-4）

图4-4

⑤我方两脚前后换步，上体略向右旋，两臂压住对方右臂，向下抖劲按压，对方立即臂折仆地。（图4-5）

图4-5

2. 技击法二

①对方两手抓住我方两肩，我方向上伸展两臂，两肘内夹对方两臂。（图4-6）

图4-6

②我方两脚前后换步，左脚落于对方右脚后侧，两掌相交，抖击下按对方两前臂。（图4-7）

图4-7

③我方顺势两掌前推对方两锁骨部位，抖劲发力，将对方发放而出。（图4-8）

图4-8

二、运转乾坤

1. 技击法一

①双方对峙。

②对方右进步，右拳击打我方面部。我方左脚收步于右脚前成丁步；同时，右掌上划，抓住对方右腕外侧，并向我方右外侧牵带。（图4-9）

图4-9

③我方左脚随之上步于对方右脚后侧。（图4-10）

图4-10

④我方右掌抓住对方右腕向我方右后下方牵带，向右旋体，以左上臂外侧滚压对方右上臂外侧。（图4-11）

图4-11

⑤我方左肩及上臂抖劲发力，将对方旋摔跌放而出。（图4-12）

图4-12

2. 技击法二

①对方上右步并以右直拳攻击我方面部。我方向左闪躲；同时，以右手接抓住对方右腕，随即进左脚绊住对方右脚跟；同时，左上臂上抬抵住对方右上臂外侧。（图4-13、图4-14）

图4-13　　　　　　　　　图4-14

②我方右手拽住对方腕部下压，左前臂上抬抵住对方右上臂外侧。（图4-15）

图4-15

③如果对方力大，我方则两掌抖劲推击对方右胸部，用托劲将对方发放而出。（图4-16）

图4-16

三、环抱太极

1. 技击法一

①双方对峙。

②对方右进步用右拳击打我方面部。我方左脚收步；同时，用左掌裹臂格挡对方右前臂外侧，并用右前臂外侧黏住对方右前臂外侧。（图4-17）

图4-17

③我方左脚跨进一步，落于对方右腿后侧方；同时，左掌压下对方右臂，两掌向前抖劲发力，推对方右肩和腋部，将其发放而出。（图4-18）

图4-18

2. 技击法二

①双方对峙。

②对方右进步，右拳击打我方面部。我方右脚前进一步到对方右脚后，沉身贴近对方，右臂向上护头，避过对方的右拳。（图4-19）

③我方动作不停，靠近对方，两掌按向对方右胁部抖劲发力，将对方发放而出。（图4-20）

图4-19　　　　图4-20

3. 技击法三

①双方对峙。

②对方进右步，右拳击打我方面部。我方右脚进步于对方右脚内侧；同时，左掌推按对方右肘关节外侧，右腕外侧贴住对方右前臂外侧，化解对方的攻击。（图4-21）

图4-21

③对方紧接着出左拳击打我方面部。我方头部略向后闪，右掌拦按对方左拳外侧，向其右推，使对方左拳攻击落空。（图4-22）

图4-22

④我方动作不停，右前臂推压对方左前臂不松，空出左掌向右反抓对方左腕向下拧旋，右掌按住对方左肘关节后侧助力；猛然向左下方发力旋压，对方必失控跌出。（图4-23～图4-25）

图4-23

图4-24

图4-25

4. 技击法㈣

①双方对峙。

②对方右进步，右拳击打我方面部。我方右脚迎上一步，右前臂上架对方腕部，化解掉对方的右拳击打。（图4-26）

图4-26

③我方右脚向前移步，左手上抬与右掌成十字手用力猛推对方右臂，虚惊其上。（图4-27）

图4-27

④我方迅速沉身下潜，两手从对方裆下插入，反管住对方两小腿后侧，头顶对方腹部，提拉其两腿，立身而起，将对方摔跌于地。（图4-28~图4-30）

图4-28　　　　　　　　　　图4-29

图4-30

四、分开两仪

1. 技击法一

①双方对峙。

②对方上右步进身，两手扑抓我方前胸。我方左脚迎上一步，两掌由下向上，从对方两臂中间上挑，分开对方两臂。（图4-31）

图4-31

图4-32

③我方两掌顺势下按并抓住对方两肩，向我方怀内猛拽；同时，右膝前顶对方小腹部。（图4-32）

④对方吞身吸腹，避过我方右膝锋芒。我方右脚落地，上进左脚，跨入对方裆下。（图4-33、图4-34）

图4-33 　　　　　　　　　图4-34

⑤我方动作不停，两臂猛压对方胸部，抖劲发力，将对方发放而出。（图4-35、图4-36）

图4-35 　　　　　　　　　图4-36

2. 技击法二

①双方对峙。

②对方上右步进身，右拳击打我方面部。我方左脚后退一步，两掌交叉上托对方右腕，并向右侧牵带，化解对方右拳的攻击。（图4-37）

图4-37

3. 技击法三

①双方对峙。

②我方用右脚脚后跟弧形挂对方右小腿后侧，随之向前落步，两掌推对方右胁部，顺势发力将对方发放而出。（图4-38～图4-40）

图4-38

图4-39

图4-40

五、分合阴阳

1. 技击法一

①双方对峙。

②对方上左步进身,以双峰贯耳势攻击我方头部,我方左脚后退一步,避对方锋芒,两掌上挑外滚臂分开对方两前臂,并反手抓住其两臂。(图4-41)

图4-41

③动作不停，我方身体重心下沉，两手沿着对方手臂下滑抖劲，分别扣住对方两肘，使对方失重扑向我方怀内。（图4-42）

图4-42

④我方两手抓住对方手肘，右旋身，向右下方猛然抖劲发力，将对方向右侧摔出。（图4-43）

图4-43

2. 技击法二

我方向左旋身，抓住对方手腕向左下方猛然抖劲发力，将对方向左侧摔跌而出。（图4-44）

图4-44

3. 技击法三

我方猛然松开两手，右掌前穿对方咽喉，抖劲发力或以挫掌震击，将对方打跌而出。（图4-45）

图4-45

六、天地合一

①双方对峙。

②我方上右步进身，右掌穿向对方咽喉。对方右掌背上架我方右腕，阻截我方进攻。（图4-46）

③对方接住我方右掌，旋腕欲抓拿我方右腕关节。我方左掌心贴住右掌心，合力向右外化力；对方与我方较劲。（图4-47）

图4-46 　　　　　图4-47

④我方不与之斗力，右腕滚化，两掌猛然向前穿出，顶击对方咽喉。（图4-48、图4-49）

图4-48　　　　　　　图4-49

七、翻天覆地

①双方对峙。

②对方上右步进身，右拳击打我方面部。我方左脚退步，左掌拍对方右腕外侧，化解对方右拳的攻击。（图4-50）

图4-50

③对方紧随攻出左拳，击打我方面部。我方左掌黏住对方右腕下压，右掌拍击对方左腕外侧，化解对方第二次攻击。（图4-51）

图4-51

④我方右掌贴住对方左腕迅速绕指抓住，左脚前移步，沉身下坐，随即右手抓住对方左腕下拽，左掌黏住对方右腕向其左腋下推，使对方左臂封住其自己的右前臂。（图4-52、图4-53）

图4-52 　　　　　　图4-53

⑤我方动作不停，顺势两掌向前抖劲发力，将对方发放而出。（图4-54、图4-55）

图4-54

图4-55

八、雷火炼殿（闪电手）

1. 技击法一

①双方对峙。

②对方上右步进身，右拳击打我方面部。我方右偏身避对方拳锋，上划左臂反拦鞭击对方面部。（图4-56）

图4-56

③对方偏头避过。我方左掌顺势反拦，抓住对方右臂，右拳（或掌）横击（或掌砍）对方左颈侧大动脉。（图4-57）

图4-57

2.技击法二

①双方对峙。

②我方上右步进身，右掌斜劈对方头部左侧。对方右脚后退一步，左掌上划拦阻我方右前臂内侧，阻截我方进攻。（图4-58）

③我方迅速将右脚冲进一步，右掌下压对方左前臂，左掌横砍对方右太阳穴部位，将其打跌而出。（图4-59）

图4-58 　　　　图4-59

九、左开玄门

①双方对峙。

②对方上右步进身，右拳击打我方面部。我方左掌上提，拦住对方右前臂内侧。（图4-60）

图4-60

③我方动作不停，左掌反压对方右臂，右掌迅速斜砍对方面部。对方左掌上架，阻截于我方右前臂下侧，使我方攻击落空。（图4-61）

④我方迅疾将右脚跨进对方左脚前，左掌压住对方右臂，右臂贴住对方左腕与手臂，身体右侧贴住对方胸部。（图4-62）

图4-61 　　　　图4-62

⑤我方全身猛然抖劲发力，两掌前推，将对方发放而出。（图4-63、图4-64）

图4-63 　　　　　　　　　　图4-64

十、右开玄门

1. 技击法一

①双方对峙。
②对方上右步进身，右拳击打我方面部。我方左脚后退一步，右掌上挑，拦阻于对方右前臂外侧。（图4-65）

图4-65

③我方右掌顺着对方腕旋指扣抓其腕关节，向下旋压，左掌横砍对方后脑。（图4-66）

图4-66

④对方头部后仰，左掌上拦，阻截住我方左掌掌棱。（图4-67）

图4-67

⑤我方左掌顺着对方左掌旋转，压住其左掌背。（图4-68）

图4-68

⑥我方左掌扣指抓住对方左腕,向左下方压住对方右臂,右掌翻转,上穿对方咽喉。(图4-69)

图4-69

⑦我方动作不停,右掌旋转,抖劲发力,震击对方咽喉或锁骨部位,将对方发放而出。(图4-70、图4-71)

图4-70 　　　　　　　　图4-71

2.技击法二

①我方向右穿掌，对方左旋体，向右后偏头部，避过我方穿掌。（图4-72）

图4-72

②我方两掌向右下划圆，抖劲发力，推击对方腰肋，将对方发放而出。（图4-73、图4-74）

图4-73

图4-74

十一、一柱擎天

1. 技击法一

①双方对峙。

②对方上右步进身，右拳击打我方面部。我方左脚向后撤退步，右前臂向前上裹格对方右臂内侧。（图4-75）

图4-75

③我方右掌内压，抓住对方右前臂向下压，右脚向前顺时针划弧，右小腿后侧挂击对方右腘窝处，上下合力，将对方摔跌于地。（图4-76~图4-78）

图4-76

图4-77

图4-78

2. 技击法二

①双方对峙。

②对方右脚上步进身，右拳击打我方面部。我方右脚后退一步，左前臂上架对方右前臂下侧，并向外裹劲。（图4-79）

图4-79

③对方随即冲出左拳，击打我方胸部。我方左脚向前移步，左手抓住对方右臂下侧，向前上托举，右掌拍对方左拳背，向左推阻。（图4-80）

图4-80

④我方动作不停,右掌按住对方左拳推至其胸前时,右膝猛然提撞对方小腹部,重创对方。(图4-81)

图4-81

3. 技击法三

①双方对峙。

②对方右脚上步进身,右拳击打我方面部。我方右偏身之际,左脚前移步于对方右脚外侧,左掌向上反拦对方右腕。(图4-82)

图4-82

③我方动作不停,左掌扣指旋拧对方手腕向前推送,两掌猛然抖劲发力推对方右胁部,将对方发放而出。(图4-83~图4-85)

图4-83

图4–84

图4–85

十二、狮子峰

1. 技击法一

①双方对峙。

②对方右脚上步进身，右拳击打我方面部。我方左脚略向后移步，右偏身，闪开对方右拳，左前臂裹劲弹格对方右前臂外侧。（图4–86）

图4–86

③我方左掌贴住对方右前臂猛然下压，向对方裆下穿掌，左脚上步于对方左脚后侧成高马步。（图4-87）

图4-87

④我方动作不停，左掌别住对方左小腿，猛劲上提，将对方掀翻于地。（图4-88、图4-89）

图4-88

图4-89

2. 技击法二

①双方对峙。

②对方左脚上步进身，右拳击打我方面部。我方左脚向后退一步，沉身下屈，避过对方右拳的攻击。（图4-90）

③我方动作不停，右勾手用勾顶向前提打对方裆部。（图4-91）

图4-90 　　　　　　　　　　图4-91

④对方裆部被击，俯身躲避之际，我方右勾手顺势上提，用勾顶提击对方下巴，将其打跌而出。（图4-92、图4-93）

图4-92　　　　　　　　　　图4-93

十三、绣球峰

1. 技击法一

①双方对峙。

②对方右上步进身，右拳击打我方面部。我方右脚踩边门而上，落于对方右脚外侧，右掌上划拦住对方右前臂外侧。（图4-94）

图4-94

③我方右手顺缠，扣抓住对方右腕，向下拽，左脚上步于对方右腿后侧，左掌穿过对方右腋下，滚臂反拦对方胸部，抖劲发力，将对方拦跌而出。（图4-95~图4-97）

图4-95

图4-96

图4-97

2. 技击法二

①双方对峙。

②对方上右步进身，右拳击打我方面部。我方右脚后退一步，左掌上挑，用左前臂外侧格挡对方右前臂内侧。（图4-98）

图4-98

③我方左前臂抖劲发力，弹开对方右臂，左脚跨进一步，两掌一起上扬前扑，卡锁对方咽喉，使其窒息。（图4-99、图4-100）

图4-99    图4-100

十四、青龙摆尾

1. 技击法一

①双方对峙。

②对方上右步进身,右拳击打我方面部。我方右脚略向后退步,右偏身避对方右拳,右掌拦抓对方右腕。(图4-101)

图4-101

③我方左脚上步于对方右脚后侧,左掌从对方右腋下穿过,滚臂反掌拦住对方左侧。(图4-102、图4-103)

图4-102    图4-103

④我方左臂猛然抖劲发力，将对方弹抖跌出。（图4-104）

图4-104

图4-105

2. 技击法二

①我方左掌向上穿过对方右臂上方之际，对方用左手反抓住我左腕关节。（图4-105）

②我方右脚快速向对方左脚前上步，左掌旋指抓住对方左腕向下拽，右肘盘击对方左臂，顺势用右腋下压对方左臂。（图4-106）

图4-106

③我方右掌向前伸出，用臂膀横拦对方胸部，随即向左后旋转发劲，将对方摔出。（图4-107~图4-110）

图4-107

图4-108

图4-109

图4-110

十五、黑虎巡山

1. 技击法一

①双方对峙。

②对方上前左手抓我肩,右手抱腋,欲摔我方。(图4-111)

图4-111

③我方稳住下盘,两肩左右摇晃,略做挣脱,两掌顺势从胸前猛地下插对方小腹或裆部,重创对方。(图4-112~图4-114)

图4-112 　　　　　　　　　　图4-113

图4-114

2. 技击法二

在技击法一中，对方胸腹贴我太紧，我方无法下插掌。我方左掌抓住对方右臂外侧，右前臂横置腹前，左手拉，右肘横，将对方摔跌而出。（图4-115~图4-117）

图4-115

图4-116

图4-117

十六、天鹅展翅

1. 技击法一

①双方对峙。

②对方上右步进身，两手抓住我方两上臂，欲摔跌我方。我方左脚向后退一步，稳住重心，两手顺势抓住对方两上臂。（图4-118）

③我方猛然沉身，抖劲下按对方两臂，迫使对方前俯身。（图4-119）

图4-118 　　　　　　　图4-119

④我方猛然向右侧旋身，两手向右、向下送力，将对方摔出。（图4-120）

图4-120

2. 技击法二

方法同技击法一，但是向左侧旋身，将对方摔出。（图4-121）

图4-121

3. 技击法三

如果对方力大，向后挣脱。我方顺势用右掌穿击对方咽喉，随即再用右抖掌击打对方面门，将对方发放而出。（图4-122）

图4-122

十七、醉打金钟

①双方对峙。

②对方上右步进身，以右拳击打我方面部。我方左脚向后撤退一步，沉身下坐，左掌拍推对方右前臂外侧，避过对方右拳锋芒。（图4-123）

图4-123

③随即，我方向左躲闪，从对方右臂下方钻过，右脚上步于对方右脚外侧；同时，左掌下压对方右臂，用右拳反臂击打对方右肩背，将其打跌而出。（图4-124~图4-126）

图4-124 　　　　　　图4-124附图

图4-125 　　　　　　图4-125附图

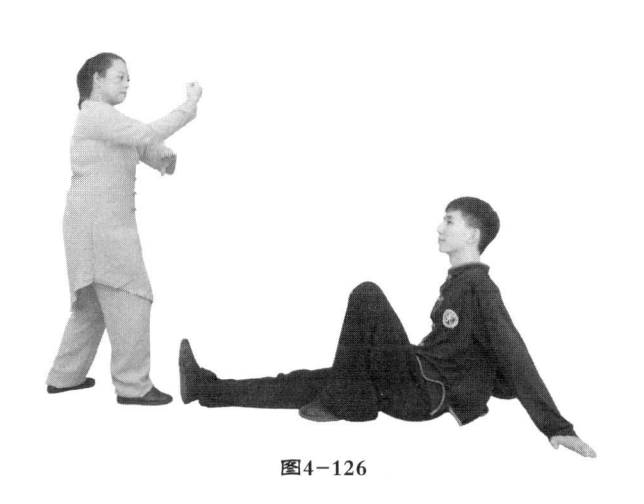

图4-126

十八、五龙捧圣

①对方从我身后跟上来时，我方预先做好防备。（图4-127）

②对方突然左脚上步，以右拳击打我方腰部。我方左转身左脚上前一步，右掌向腰后反挂对方右前臂。（图4-128）

图4-127 　　　　　　　　　　图4-128

③对方随即以左拳击打我方头部。我方向右转体，左掌内裹，格阻对方左前臂。（图4-129）

图4-129

④对方再度以右拳击打我方面部。我方右臂架住对方右前臂下侧，向外滚臂，随即右脚跨进一步，两掌抖劲发力，推击对方右肋部，将对方发放而出。（图4-130~图4-132）

图4-130

图4-131

图4-132

十九、白蛇吐信

1. 技击法一

①双方对峙。

②对方上右步进身，左拳出击，我方用右手按压住。对方跟出右拳击打我方面部，我方左掌拍格对方右前臂外侧。（图4-133）

图4-133

③我方左脚上步于对方左脚内侧，左掌按住对方右拳下压，右掌按住对方左拳压在其右前臂。（图4-134、图4-135）

图4-134

图4-135

④我方右脚上步，落于对方右腿后侧；同时，两掌松开对方两腕，抖劲发力，推击对方胸部，将其发放而出。（图4-136~图4-138）

图4-136　　　　　　　　　　图4-137

图4-138

2. 技击法二

①双方对峙。

②对方上左步进身，左拳击打我方胸部。我方吞胸吸腹，右掌下按向外拦开对方左拳。（图4-139）

图4-139

③对方紧随冲出右拳，击打我方面部。我方左掌由上向下按住对方右前臂内侧并向外掰。（图4-140）

图4-140

④我方右脚向对方右侧上步，落于对方右脚跟后侧；同时，右掌穿对方咽喉，并向左外侧旋推，使对方跌出。（图4-141~图4-143）

图4-141

图4-142 　　　　　　　　　图4-143

二十、金龟摆头

①双方对峙。

②对方上右步进身，右拳击打我方胸部。我方左脚后退一步，避过对方拳锋，两掌相并，砍击对方右腕内侧，阻截住对方的攻击。（图4-144）

③不等对方的左拳攻击，我方两掌合十，下插对方腹部。（图4-145）

图4-144 　　　　　　　　　图4-145

④动作不停,我方两掌翻转,顺势上穿,穿击对方胸前膻中穴或咽喉部位,使对方跌出。(图4-146)

图4-146

二十一、天柱峰

①双方对峙。
②对方右脚上步进身,右拳击打我方面部。我方左脚向后撤退一步,沉身下坐,避过对方来拳。(图4-147)

图4-147

③我方上身右摇,顺势以右掌上穿对方咽喉。(图4-148、图4-149)

图4-148

图4-149

④紧随着,我方以左膝提撞对方裆部。(图4-150)

图4-150

二十二、八卦转运殿

①双方对峙。

②对方上右步进身，用右拳击打我方面部。我方右掌上拦格住对方右腕外侧，随即左脚弧形上步。（图4-151、图4-152）

图4-151 　　　　　　　　图4-152

③我方右手抓住对方右手腕，两脚快速交替，绕对方走转八卦步，使对方失去重心而跌倒。（图4-153~图4-156）

图4-153

图4-154　　　　　　　　图4-155

图4-156

二十三、返璞归真（收势）

1. 技击法一

①双方对峙。

②对方上右步进身，右拳打来被我方阻截，随即以左拳击打我方面部。我方略向左仰面避躲，右掌托住对方左肘关节。（图4-157）

图4-157

③我方右掌抓住对方左肘关节向左下压住对方左臂，右脚上步于对方右脚外侧，右肩外侧抵住对方左肩外侧。（图4-158）

图4-158

④我方右肘抖劲分崩，撞击对方腋部，将其发放而出。（图4-159、图4-160）

图4-159

图4-160

图4-161

2. 技击法二

①双方对峙。

②对方左脚上步进身，以左拳击打我面部。我方右脚向后撤退一步，左掌上拦，格住对方左腕外侧。（图4-161）

③我方右脚上步于对方左脚后侧，上体左转，左手抓住对方左腕向左下牵拉，右肘提起下砸对方左臂；随即回肘撞击对方左胸，将对发放而出。（图4-162~图4-165）

图4-162

图4-163

图4-164

图4-165

附 录

一、拳论

（一）武当拳概念

武术史家唐豪先生曾发表《少林武当考》一文，综其说法，竟引申出"武当无拳论"。1980年，全国武术观摩交流大会在太原召开，金子弢自报家门，演练《武当太乙五行拳》，从此揭开"武当有拳论"的序幕。1982年12月，中共均县（现为丹江口市）县委、县政府决定成立"武当山武当拳法研究会"，创办了《武当》杂志。同年10月，湖北人民出版社出版了《武当太乙五行拳》。在挖整的武当武术诸多流派事实面前，"武当无拳论"受到挑战。1992年5月，《武当拳派源流、拳系及内容研究》课题组完成并通过了"武当有拳"这一课题的论证工作。从理论上讲，武当有拳，这已经是不可辩驳的事实。那么，到底什么样的拳才是武当拳？它的技术展现风格是什么样的？长期以来，困扰着爱武喜武的人们。经过笔者10余年的学习与挖整，接触了解50余流派，深入学习或整理10余流派的武当武功，从实践的角度，经过详尽的比较推理，在征求部分武当老拳师或传人意见的基础上，我们得出如下结论：武当拳是武当武术的一个重要组成部分，是武当武术徒手运动套路类项目的总称。武当拳是在遵循《易》理，讲求阴阳变化的前提下，以修身养性、修性养命为目的，以技击防卫为假借，以"内功外拳"为本体特征，以动静结合、虚实相间、刚柔并济、圆转走化为表现形式的一种传统徒手运动项目。

（二）武当拳—武当武术—武当功夫之称谓关系

在特定的历史时期，"武当拳"曾是"武当武术"的代名词。"功夫"是民国初期对"武术"的别称。随着现代竞技武术活动在世界范围的广泛开展，国外的人们习惯将中华武术称为"功夫"，所以现代流行称谓中，武当武术也有"武当功夫"之说。

实际上，武当拳—武当武术—武当功夫之称谓关系是有很大差别的。

1. "武当武术"与"武当拳"的差别

从现代观点来看，"武当武术"与"武当拳"是有很大区别的。

武当武术是由武当拳、功、械、技、理等五大要素构成的，且区别于以少林为代表的"外家拳"特征的中华武术流派性传统武术项目。由于受传承方式影响、地理环境限制、交通因素制约、信息传播的障碍等综合因素的作用，武当武术可分为广义的"武当武术"和狭义的"武当武术"两种。广义的"武当武术"已经突破了地域界限，走出了武当山门，遍及祖国各地乃至在世界多国落地生根、开花结果。在过去的日子里，武当武术以"太极""形意""八卦"等形式出现，也就是目前业内人士所称的"民间化的武当武术"或"民间化的武当拳"。狭义的"武当武术"是指武当山特定地域，由道内用于修身养性、修性养命、防身自卫为目标追求，讲求有缘传播、崇尚单传口授、沿袭循规蹈矩、师传不乱辈分等具有严密的传承体系、派别的武当武术统称。目前，业内人士所称狭义的"武当武术"多特指一直沿袭武当道内传承的各种武术支派。事实上，随着时间的推移，民间化的武当武术与道内流传的武当武术，总是在不断交流中融合、融合中交流，互为完善和发展。只是民间化的武当武术相对开放、道内的武当武术流传相对封闭保守而已。

武当拳仅是武当武术的一个主要组成部分。是武当武术徒手运动的一种表现形，是被包含与包含的关系。没有"武当拳"就构不成武当武术技术体系。但是，孤立的"武当拳"，也是不完备的，形成不了武当武术的流派体系。

2."武当武术"与"武当功夫"的差别

"功夫"一词本身可以用于对诸多领域的特殊技能进行形容。"武当功夫"是对武当武术特定的称谓。社会上习惯称谓"武当武术"也叫"武当功夫"。从普遍意义上讲，可以互相通用。从本质意义上讲，"武当武术"与"武当功夫"是有差别的。"武当武术"是通称，是中性的称谓，不带有任何感情色彩。"武当功夫"是在通称的基础上，还侧重于告诉人们两点：一是习好练出有韵味的武当武术，是技术+时间+汗水的结晶；二是一种称赞或荣耀，有一种崇拜或令人向往的情感因素存在。从这个意义上说，"武当功夫"是褒义的称谓，是对武当武术的褒奖。

（三）习拳要旨

仅就技术而言，从总体上讲，要讲究"三调""三练""三求"。

1. 讲究"三调"

三调即调身、调心、调息。调身是习武的基础。首先运活肢体与筋骨；其次行拳走架合乎武当拳身型要求，如提肛、收腹、头顶悬，含胸、圆裆、背如弓。调心是放松的前提。心静体能松，心欢体自轻。能够调正心态，才能存之于心，运乎于体。武当纯阳门宗师刘理航道长曾教导弟子说："能松得好，练武当拳，就会了一半。而'松'的根本在于心。"调息是习练武当拳的根本。"息正功深，功息相依"，就是说调息做好了，功才能上身。武当拳恰好是"外拳内功"功拳合一的一种特殊表现形式。所以调息对习拳至关重要。至于如何做好"三调"，在具体的教学训练中，都有系统的方法。

2. 讲究"三练"

三练即形似练、意识练、神形兼备练。形似练就是一味地模仿后，形成师徒或教练与学员之间武术架势的雷同。形似练法属武当武术的初级练法。主要要求肢体的舒活和动作的规范。意识练就是经过初级训练后，仔细揣摩每个动作的内在含义、招式的作用、动作之间圆活的衔接、全套动作的自然流畅，摸准拳路表现风格，把握招式暗含劲路，力求准确展示套路特色，是意识练法的根本所在。意识练的另一种表现是闭目默练法。也就是闭目静坐，默想所学内容，进行悄无声息的温故；神形兼备练法是在武术内容充分掌握的前提下，将自己身心高度融入演练过程之中，做到意到势即到，意势相融，意行势走，松紧有度，活脱自然。真正体现技法运用中的"练时无人似有人"的境界。从外部表象上看，整个拳路形—气—力一脉贯通，一气呵成，无明显人为做作、雕凿痕迹。只有这样，武当拳才能练出一种令人赏心悦目的独特韵味。

3. 讲究"三求"

三求即求专、求细、求明。求专就是要求习练者不要求多求新，要认准一门，精研深学，在所学方面达到较高水准。这里要说明的是，我们要求"专"并不排斥"多"。多接触、多了解可以为求"专"奠定基础。一专多能，以"专"见长。求细就是要有严谨的态度，对待所学一丝不苟，无论是动作主体还是动作过渡都要面面俱到、应全俱全。不放过教练言传身教的细节内容。求明就是要弄清楚每个拳架动作的来龙去脉。练，能准确借助身型动作表现；说，能准确表达拳势动作内涵；看，能识别功力深浅，洞察其中良莠。在武道上，做个明白教师、教练或学生。也只有这样，才能真正称得上入了武道，学了真功，得了大法。

　　大道至简至易。纸糊的窗子——一捣就通。或许就是这简单的"道"，让你原地打转了一辈子呢！习练或热爱武当拳的朋友，结合自身的感受，是否应该"检查"一下自己？

二、功论

（一）功的含义

从物理学的角度讲，一个力使物体沿力的方向移动就称为做功。功的大小等于作用力的大小和在力的方向上物体移动距离的乘积。在武术学范畴中，功可以理解为一种积累，一种通过一定方式的习练达到的造诣，形成的一种本领。常说的武功，就是指武术功夫，是在武术训练中所产生的特殊效果。练功就是对外修、内外兼修或内修法的操练。

（二）功的分类

武当武术中的"功"种繁多，名称各异，进行分类比较，利于武当武术工作者、研究者和爱好者对功不同层次的需求分步选择，有一个较为清醒的认识。仔细推究，可以从五个角度来进行划分：

1. 从外部表现形式上划分

从外部总体表现形式上可分为两类八种。两类，即静功和动功两大类。八种，即静功从外部总体表现形式上又可划分为坐功、卧功和站桩功三种，动功从外部总体表现形式上又可划分为坐功、卧功、立（站）功、行（走）功、滚功五种，共八种。

2. 从训练内容上来划分

从训练内容上可分为基本功、专项功法和辅助性功法三种。基本功，各门各派大同小异，专项功法各门各派各有侧重、特色不一，辅助性功法各不相同。

3. 从练习功效上划分

从练习功效上可分为硬功和软功。硬功是武当武功中的刚性功法，以壮体为特色。软功是武当武功中的柔性功法，以养生为旨。硬功抗暴防击，软功护体修身。二功皆练，方为魁手。

4. 从武功层次上划分

从武功层次上可分为上乘、中乘、下乘三种。

以静功和动功为例：

静功多属意识性活动，很多东西只可意会难以言传。一般道内修炼途径是先进行动功习练而后在"明师"的指导下，入门修习静功。静功是真正意义上的内在功夫，也称"内功"。"心猿""意马"最难驾驭，稍有不慎，将陷入"走火入魔"的泥潭而不可自拔。"道不轻传，艺不乱讲"中的"道""艺"也多指"内功"修炼技术。"入门引路须口授，法无声息功自修"也是对"内功"修炼技术传授的一种特定暗示。它告诉静功习练者，"内功"不是人人都能随心所欲进行修持操练的，避开中医理论中的"七经八脉"气机运行不谈，也必须找到"明师"指导，由动而静修炼才是"正途"，才是"终南捷径"。静功修炼不容易，因而静功修炼被奉为"上乘"。静功修炼有素者多被称为"真人"。

相对而言，功息相依，动静相间，这种融合性的动动修炼，可视为武功修炼中的"中乘"；而无意识或少意识地以肢体运动为主的动功练习，虽高于体操却类似于体操，当属武功修炼的"下乘"。

（三）"功"与"拳"的关系

在武当武术中，"功"多通过"拳"来展现，"拳"是"功"的综合表现形式。武当武术素有"十年的拳术九年的功""拳无功不立"的说法。由此可见，"功"在武术中的地位之高、位置之要、作用之大。"功"与"拳"之间既独立又相融。

相对"拳"而言，"功"多属于单式单操，形式单一，不强调外形展示的连续性。在现实生活中，"功"缺乏观感，但对技击与养生实用性强。而"拳"是功架动作的连续性反应，在动作运转过程中，体现了一种运动风格，给人们以艺术享受或美感，便于激发武术爱好者的兴趣并具有易记性特征。或多或少受这个因素的影响，社会生活中练拳的人多于真正练功的人。

现代社会，练功的群体多局限于中老年人群和有一定武术造诣的武术工作者、研究者和爱好者。但是，要说明的是，不管转多大的圈，费多大的力，练拳者最终的归宿还是要回归到练功这个位置上。正如拳谚所说，

"练拳不练功，到老一场空。"也就是说，没有单一专势的功法训练，如果一味地单纯追求拳架姿势，是难以最终达到道家所言"修性养命"的境界的，更不用说更高的境界了。

（四）练功旨要

1. 静功修炼法通旨

静功，是以意识引导为主，以假借的感觉为载体，在身体极度放松状态下进行的心意自然活动。外部表象为肢体的相对静止。道传中的"拴心猿""锁意马"均为内功静修时，对心生杂念的约束要求。不惊、不喜、不悲、不愠，"道法自然"是对静功修炼者的总体要求。

2. 动功修炼法通旨

动功，是以人体外部肢体运动为载体，通过伸展扩缩、扭转旋推等多种运动方式，有节律地带动呼吸吐纳，促使机体代谢，达到养生健体之功效的特定、特殊的方法练习。外部表象为肢体局部或全部运动。目的是以动带静，逐步达到动静结合，互为依托之功效。

"下乘"练法仅需掌握正确的肢体运动方法即可，持久练习对健身有帮助。"中乘"练法不仅需要掌握正确的肢体运动方法，还要学会密切配合呼吸吐纳之技巧。如长吸短呼法、短吸短呼法、口吸鼻呼法、口吸口呼法、鼻吸鼻呼法、鼻吸口呼法。又如喷、闭、吸、吐、吞、压气法等，如此配合方能进入真正意义上的养生初期阶段。

动功不同形式的修炼，其部位要求也各有侧重。从肢体运动看，有侧重某一部位的，有侧重整体的。从保健方式上看，有侧重按摩拍打的，有侧重呼吸吐纳的。最终的目的是达到功息相依、健体养生、延年益寿之功效。这也是丹道修炼者入门正途，终南捷径。所谓修丹悟道的初级阶段，可以理解为修性养命阶段。中、高级阶段才是感悟生命价值，珍爱生活，顺应自然，自强不息的人格魅力追求阶段。俗人称此类修丹悟道者为"仙人"或"神仙"。

我们主张，大众健身养生以动功为主。而痴于此道的人们，可以在教练的指导下，自己用心去静修，去徜徉修性养命之乐趣，升华自己的生命价值，感悟人生之真谛。

（五）功效问题

诸多实践证明，只要习练方法得当，用科学的态度对待武当武功，无论其健体养生功能，还是技击防卫功能都是十分明显。只是武当武功不先求技击防卫功能，追求的是健体养生，修丹悟道的内修境界，久而久之，功到自然成。虽不求技击防卫功能，却也具备了此种本领。世人称其为"神技"，其实也不过是一种独特的技击防卫功能罢了。

（六）诫勉语

法明一理，万法归宗，阴阳平衡。任何事情都要有度，就修炼武功而言，过度必伤身。身体不存，谈何修心？劝诫练功者，习练武功一定要因人而异，在充分了解武当流派功法的前提下，针对自己的实际情况，对症下药，选择适合自己的功法，然后持之以恒练习、体味，才能有所收获。否则，不适合自己的东西，勉为其难，遭殃的还是自己。不懂装懂的"好为人师"者，自己吃亏在次，盲目追随的人们跟着要吃大亏！

功，有益于人，也害人。贵在如何操作与区分。火候的把握关键还在自己。

三、剑器论

（一）剑器溯源

剑器在武当道内是做法事，搞庆典，行斋醮（jiào）必备之器物。武当剑器原本是以桃木剑为假借，以特定的环境为道场，以具有较高智慧的修真高道为主导，开展所谓的"降妖驱邪"，以"安其身"或以"定其所"的道教活动时的使用器具。后又演化为道徒拜别师父时，师父赠与徒弟用于告诫、醒示之物（当然还有拂尘和红绫二物，另当别论）。三尺青锋宝剑，斩断情丝尘缘。道徒一旦被俗事所恋，难以割舍，当想起师父所赠的三尺宝剑，当机立断，挥斩尘缘，一心向道，神定心安。所以，武当道内，剑是"斩妖驱魔"的利器，是正义的象征，修炼之时，"驱心魔"是里，有形剑为表，由表及里，表里如一，挥动舞转，自成一体。这就是武当剑套路的雏形。

其实，春秋战国时期，民间剑术的技能和理论已得到发展，佩剑、击剑之风甚为盛行。晋代以后，佛、道二教兴起，民间习剑遗风依存，开始了宗教与剑的进一步结合现象。以南朝著名道士陶弘景为最，并开创了道与剑结合之风。

唐宋时期，朝野上下，文武将相，儒道戏杂，莫不以习武学剑为能事。道与剑结合之风进一步深化融合，并达到一定的高度。武当剑的形成可推及此时。剑术在道内同样具有独立的地位。有史记载，武当道内内功鼻祖——吕洞宾，号纯阳子，唐代贞元时生，好道善剑，武功高超卓越。《宋史·陈抟传》记载，"吕洞宾有剑术，百余岁而童颜，步履轻疾，顷刻数百里，世以为神仙。"这说明吕洞宾在剑技方面造诣颇深。相传流传至今的武当纯阳剑法，即为吕洞宾在武当山南岩宫修真的时候，以"八仙"中的汉钟离所授"天遁剑法"和"龙虎金丹秘文"为基础，举一反三，精研细摩而后悟创。后又随内功修炼一起，传曹景休、王重阳及再传弟子张三丰等。他们都是武功出神入化之人。他们运用太极图原理，继承、总结、创造了武当道家拳术。特别是张三丰对武当武术有重大贡献，为武当太极拳的集大成者。其擅"飞剑击人，群盗尽歼"，故以剑术名于世也。

随着历史的推移，明清两代的武术发展空前高涨，但剑术的地位却在下降，最终成为武术拳派的附属，仅作为门派短兵器械之一出现。武当剑术发展也与时俱进，与社会兴衰辗转共存，时至今日，同样成为武当武术拳派短兵器械之一，失去了其独立的社会地位。只是道内依然保留了借剑行法的古朴遗风罢了。

（二）武当剑特色

武当剑不仅很好地继承了我国传统剑术的特点，而且在理论上、技术上形成了独特的风格。徐哲东在《国术要略》中称其为"太极腰，八卦步，实为别开生面之剑法"。道内剑法至今崇尚轻灵舒展，缓疾得当，适应不同年龄、不同性格及不同体质者作为修心养性、练功强身的秘法。不辍习练，大有裨益。民间武当在剑练法上略有不同。在遵循共性的基础上，在演练速度和难度上都有所变化。据推测，可能是侧重技击应用需要所致。综合推究，武当剑特色可以概括为以下五种。

①含而不露，隐而自悟。这是武当剑习练的基本要求。剑与拳、功同为一源，共存一理。动作协调自然，式式紧密相连，如飞云流水，穿连不断，各法贯通，随心所欲。以左旋右转，划圆舞圈为动作要领，动静、虚实、快慢、刚柔相配合，不用拙力，以意导势，气势合一，剑身合一，给人一种轻松、愉快、舒适的感觉。

②因对方变化，不拘成法。这是武当剑的战略指导思想，也是我国剑术的理论精髓。武当剑以套路为体，散剑为用。其理论取我国古代太极、八卦等变易之理，主张"剑法通乎易术也""易者，变化之总名，随时变易，乃从天道也"，认为万变无穷是天地间规律，也是指导剑术的规律。因而从战略上强调"剑无成法，因敌变化而制胜""用剑之要诀，全在观变，彼微动，我先动；动则变，变则着。"

③乘虚蹈隙，避青入红。这是武当剑术的战术原则。它主张顺人之势，借人之力；以静待动，后发先至。交手时，避实击虚，以斜取正，迂回包抄，两剑成掎角之势（即所谓对剑三角诀），"使敌人不能善其后"。还强调，"不论何种兵器，两下冲锋，莫大接之截之、迎之架之，互相争胜。唯是剑法，绝然不同。交锋时不接不截，不迎不架，凭空一击，无不命中，名曰：'不沾青，入红门'也。""不沾青"，是指不以硬力争夺对方兵器；"入红门"，是指出剑见血，一击命中。人们常把这种避实就虚、两剑三角、以逸待劳、后发制人的剑术称为"内家剑法"。

④身与剑合，剑与神合。这是武当剑的技法要领。它强调以身运剑，

身法、步法、剑法融为一体，身行如龙，剑行如电，步法灵活，身法柔韧，故有"太极腰，八卦步"之称。它还强调剑神合一，意到、神到、剑到，力贯剑锋，气透剑端；出入竖劲，使剑如使枪。将神、意、气、力贯于剑法之中。静中要保持全神贯注，镇定从容，伺机而发的气概；动中要做到凝神息虚，察觉对手，以变应变，达到乘虚蹈隙，每发必中，战而胜之的目的。

⑤走化旋翻，轻稳疾快。这是武当剑法的运行特点。武当剑素以丰富多变而著称。无论何种剑法，在进退翻旋中，皆要求轻快稳健，动如轻风，稳如山岳，一发即至。"翻天兮惊飞鸟，滚地兮不沾尘。一击之间，恍若轻风不见剑；万变之中，但见剑光不见人。"歌诀不仅是对武当剑"妙手"的称颂，也是对其剑法疾快风格的写照。

（三）习剑秘要

武当剑是武当武功中的代表性器械。千百年来，经久不衰，有其独到的存在价值。那么其价值高在何处？就现代社会而言，那就是养生价值、健身价值、艺术展现价值，慧光独存，迎合了21世纪新时代的需要，必将与武当拳并驾齐驱，呈大兴之势。

如何练好武当剑？这里还有不少讲究。

①明武当拳理，以拳功为基础。器械是手臂的延伸。徒手的练习至一定的境界，再练习剑法，能够起到事半功倍的作用。

②知习剑窍门，悟武当剑风格。首先要弄清搞懂剑的基本技法，如劈剑、崩剑、撩剑等；其次专注学习、探讨武当剑能体现独特风格的特殊技法，如化剑、滚剑、圈剑等；再次在身腰步法上下大力气。在武当纯阳门中有"腰似龙蛇左右转，穿连绕步随心缠"之说。步法好，动作轻灵；身腰好，走转圆活。轻灵圆活正是对武当拳剑动作的基本要求。最后是高度协调。在充分放松的前提下，做到动静、虚实、快慢、刚柔有度，当快则快，当慢则慢。"不以物喜，不以己悲"，清静自然，无我忘我。学习有规可循，练习随心所欲。手眼身法步、精神气力功的配合高度协调统一。

③练剑如鹤舞，神欢体自轻。这里的"轻"是指完全处于有意无意状态下的行剑走步，达到神行合体，天人合一的"虚无"境界。

唯此，才能练就"中、上乘"武当剑法。

四、习武论

（一）武术发展的基本动力

中华武术，置身于华夏五千年历史传承的文化沃土，根深叶茂，代代衍传，是什么力量在驱使着中华儿女练武不辍，生生不息？

从武术的起源看，中华武术萌芽于原始社会人们的生产劳动中。人们为了生存的需要，人与兽斗，人与人争，促进了武术的萌生。

从武术的形成看，进入奴隶社会后，武术开始成为人们有目的、有意识、有组织的社会活动。为适应战争的需要，武术开始作为军备内容，同时产生了诸如"裸股肱""决射御"等比赛运动形式，促使武术向健身性、娱乐性方面发展，成为一种文化现象，刺激了武术的发展。

从武术的发展来看，进入封建社会以后，武术得到全面的完善。武术不仅具有适应战争需要的实用性，而且具有了表演性、竞赛性、娱乐性和健身性综合特征。武术逐渐演化为人类文化的一个组成部分，并推动了武术的发展。武当武术就是武功与道家文化充分糅合兼收并蓄，儒、兵等家合理内核的精华结晶。

从武术的现状来看，在中华人民共和国成立以来，神州大地尚武之风劲吹。武术不仅在国内热潮不止，在国外也时兴"功夫热"。特别是进入21世纪以来，人们已从武术特性的多元化方面，深究细摩，形成不同重心研究内容的不同风格体系，促进了武术在世界范围的普及开展，在一定程度上，成为世界文化交流中的纽带，激励了武术的发展。尤其是武当武术顺应了世界人民追求健康、享受生活的需要，正呈大兴之势。

（二）习练武当武术的十大好处

武当武术是流派性武功，除了具备武术的共性特征外，更有独特的个性魅力。综合归纳，习练武当武术至少具有十大好处。

1. 环保功能

武当武术不受场地限制，方丈之内，随处可以开展。学习一两套武当拳功，不受器械限制，不受劳累之苦，不污染环境，受到社会认同和政府鼓励。武当武术具有可持续发展功能和效能，能够在不破坏环境、不污染环境的前提下，促进人类身心健康发展，是人类追求健康的高级"营养大餐"，具有其他任何物质不可比拟的优越性。武当武功是人类高级环保保健"产品"。

2. 赛健康食品

健康食品是人体摄取营养物质，满足身体正常新陈代谢的必需食品，是保证人们健康长寿的重要方面。习练武当武功，从生理角度反映出其保健养生性，是食养所不能代替的或不具备的功效。一个人的身体或生命状况主要受衣、食、住、行的综合影响。食是一个主要方面。但是我们研究发现，在同等的衣、食、住、行条件下，同体质的人群中，坚持进行养生功法习练的人们身体状况或寿限要长得多。武当内功养生术或功法是中国千百年来的经验结晶，无数实践证明了其科学性。通过长期练习武当武功，能使自己的身心得到荡涤，肌体得到锻炼或恢复，气血通活顺畅，保持青春永驻，从这个意义上说，武当武功的保健功能赛过健康食品。

3. 陶冶性情

习练武当武功，能够在时光的推移中逐渐丰富和完善自己的个性。由于武当武功多主"柔"，兼及"刚"，在习练运动风格和应用中主张"柔化刚发、慢劲快打"，导致了急躁个性的练习者逐渐在拳功的"约束"下，去除火性，变得"含蓄"了许多；性情柔软的练习者逐渐在拳功的"约束"下，不知不觉中改造了个性，培养了阳刚之气质，变得"干练"了不少。如此自然自我调节，能够给你一个丰富和完善的人生，何乐不为？

4. 调节身心

进入21世纪信息时代，人们的工作、生活节奏越来越快，大脑长期处于高度紧张状态，久而久之，人们的休息不能得到保证，尤其是在休息时，大脑仍处于亢奋状态，不能放松，造成生理、心理疾病，如心悸、失眠、头脑发胀、心绪不宁等，最终诱发高血压、心脏病等疾病。武当武功首先讲究的是调理身心，做到松静自然。通常通过简易的动功功法练习，也就是通过外形的肢体运动带动呼吸吐纳，增强体内代谢功能，达到内壮的功效。同时使注意力有效转移，大脑皮质的兴奋也得到有效的抑制，进入身心俱佳的放松状态，对缓解疲劳、增进健康具有特殊的功能。2002年，一位来自法国的女中文研究生在体验了武当武功后,曾称中国的武当拳功是中国的"秘密武器"。另一位外国朋友在观看武当武术小队员们习练武当拳功后,由衷地说:"你们从小就在壮筋骨,养精气,难怪中华民族不可战胜!"

5. 增强自信

习练武当武功有利于增强自信心。在教练的正确指导下,经过特定的模式训练,能使体弱者逐渐改变五脏六腑的功能,成为一名身心俱佳、华颜童肤的健康者;也能使一名自卑的人,在现实生活中屡遇失败时,冷静思索后,自觉地与生活抗争,勇敢地从跌倒处爬起来。正如武当武功的技法特征一样,粘连相随,不屈不挠;更能使儒弱个性者重新审视,逐渐改造自我,成为生活、工作中的强者。

6. 培养毅力

一个人一生中想成就一番事业,没有百折不挠的精神和超于常人的耐力,恐怕一切都是空想。习练武当武功却能在不知不觉中培养这种干事业的上进心和持久力。你在看武术演练时就会发现,武当武功圈中套圈、环中套环,动静无始,连绵不断。你想急,急不了;你想缓,也缓不成;动作太软不行,太硬也不行,必须做到刚柔并济、虚实相间、松紧有度。所以,习练武当武功的过程实质上是一个全方位磨炼自己的过程。从这个意义上讲,习练武当武功是培养毅力、磨砺意志的极好方式。

7. 协调能力

习练武当武功,首先训练的是身体处于高度放松状态下的综合协调性。唯有协调,才能从外在表现形式上给人以美的享受,从自我生理机能调节上达到和谐统一。武功是这样,生活中也是如此。可想而知,一个各方面都不能密切配合的人,在工作、生活中是多么地与人们格格不入,以至于感到思想不顺,生活别扭,工作烦心,事事不尽人意。相反,一个会来事儿、八面玲珑的人,在生活、工作中要顺心如意得多。所以武当武功的习练能使一个人从肢体动作上圆融,从心灵境界上柔化。培养一个人的综合协调能力,习练武当武功不失为一个文武双全的妙策。

8. 防身自卫

武术的本质属性就是技击性,武当武术是中华武术的一种,不可能脱离技击性而在武术圈内长期存在。前人之所以有"技艺之末学"的认识，主要基于三个原因：一是习武的初衷是为了阻止争斗，预防流血事件发生，保一方和平。和平是人类的共同追求，武斗是不得已而为之的事，是下下之策；二是搏斗本身与道家所言的吃斋行善相背离，武当武功只是"非困而不发"，而不是主动进击，仅为防身自卫作用罢了；三是武当武功所追求的最高境界是修心养性、修性养命；是追求"延年益寿不老春"；是珍惜生命、热爱生活的真实写照。所以说，前人有"技艺之末学"的认识，真是大彻大悟、大智大慧的结晶，但后人尤其是武当后学要正确理解认识前人的精辟总结，要自觉纠正认为老祖宗说过的话，不能怀疑的"形而上学"的错误做法；要自觉纠正不联系当时实际，断章取义的"教条主义"行为。武当武功有其独到的防身自卫表现体系，这一点必须清醒认识和肯定。在日常武当武功习练过程中，也不能忽视。掌握了武当武功的防身自卫方法或技巧，使你在轻松"保身"的前提下，"后发先至，犯者立仆"。这种"潇洒"举动，令人赏心悦目。

9. 开启智慧

武当武功还强调修真悟道。这是修炼中的最高境界。至此境界，已经超出了武当拳功本体，达到开掘人的潜力、开启人的智慧层次。这绝不是故弄玄虚。武当武功不事张扬、不露声色、圆转走化的"个性"，不正是我们生活工作中的"高人"的表现吗？武当武功在制人时，不顶不丢、引进落空、借力打力、"堵"不如"疏"的应用原则，不正暗合了行政管理的基本思想吗！可以这样打个不太恰当的比方，如果说学习武当拳掌握了"对方一个"的能力，那么由此深化感悟到的武当拳理，就是具备了"万人对方"的功夫。所以说，武当武功是高乘的武功，值得华夏儿女继承学习并发扬光大。

（三）习武重德

武德，顾名思义就是武术道德，即习武者道德品质的修养。这是传统的提法。对武德的正确理解，应是武术伦理规范与习武者道德行为准则的总和。它贯穿习武者整个的练武、用武、授武、比武等一系列的社会武术活动之中。

传统意义上的武德本质表现为仁、义、礼、智、信、勇。

"仁"的基本含义就是要用广博的爱心去爱一切人。其核心是孝悌，也就是要求武林中人具有师慈徒孝、兄友弟恭、朋亲友爱，要求习武者忠于师门、忠于事业、忠于民族和社稷。"义"为行善之本。习武者的言行举止要与自己的身份相符，武术界对"礼"有着严格的标准和规定，它不仅告诉习武者"应该做什么"，还告诉其"应该怎么做"。"智"是习武者自觉的道德意识。其功能就是认识"仁""义"并保证它的实践。"信"就是诚实守信。是武林的传统。为国为民、匡扶正义、除暴安良等行为是"大勇"，在武林中被推崇和效仿；为私利或意气用事而逞强斗狠，被视为"小勇"，称"匹夫之勇"，为武林所不屑。

21世纪新时代的武德内容主要由以下内容构成。

一是树立理想，为国争光；二是爱国爱民，见义勇为；三是尊师爱生，团结互助；四是修身养性，遵纪守法；五是文明礼貌，举止端庄。

武德修养，至关紧要。无论师徒，都应该终身注意。

（四）三心兼备

习练武当武功，必须三心兼备，即具备决心、信心和恒心。

所谓"有决心"，就是要坚定信念，不学好练会武当拳功套路，誓不罢休，使武当拳运动贯穿到自己的生活之中。唯有如此，才能从习练中受益，才能从习练中得到精神上、身体上、生活上的报偿。

所谓"有信心"，就是要避免在初学时热情高、干劲大，一旦进入常规训练，感到习之不易，就丧失学习积极性，甚至打退堂鼓，要根据教练的不同训练方式，提高自己的学习兴趣，始终保持旺盛的学习劲头。

所谓"有恒心"，就是要不间断地学习和练习，使之经常化，避免一曝十寒、"三天打鱼，两天晒网"的不良现象发生。

武当拳派大师们均有对"三心"的深刻感触，并希望后起之学，加强"三心"锻炼，提高心性，增强悟性，达到一种理想的习练境界。

（五）习武递阶

1. 熟悉拳派源流、拳系及核心内容构成

无论有无武术基础、不分年龄大小、也不讲身体强弱，只要是武当武术爱好者，只要你有行动，你都可以进入武当武功的习练群体，成为其中一员。这是武当武术的包容性特征。但要提醒的是，在投师学艺时，首先要弄

清所习拳派的源流、传承、拳系组成、功理功法等，适当要求教练针对学习情况，制订训练计划。

2. 观摩所习拳派的运动特征及运动风格

要在教练的理论指导下，不断观摩和初步感受所习拳派的运动特征及运动风格，在大脑里留下总体印象，为下一步进入真正的学习阶段奠定基础。

3. 认真掌握动作运行路线及变化

在学习时，认真掌握动作运行路线及变化，是整个学习的关键。各门各派，风格迥异，在教练的指导下，搞清动作的来龙去脉，进一步模仿动作到位。做到"形拟"，这是学习的初级阶段，也是基础阶段，应该引起重视。

4. 直接与教练搭手体会功的劲力收放

武当武功的学习不单纯是一味模仿，直接与教练搭手体会拳功的劲力收放，是提高自身习练水平的一大捷径。武当武术中的"松"不容易，"紧"就更难。到教练手上去直接体会，才能感受到武当武功独特的劲路和深奥的内涵。

5. 间接询问教练养生功效与技击应用法

养生功效与技击应用法是武当武功的核心。无论何门何派，离开了这两个内容，其拳种就失去了存在的价值。为什么要间接询问教练呢？这就要求学员学习要讲方法、讲策略。有的教练保守，不愿轻易"拿出"真东西；有的教练所习拳种很优秀，但由于传承等原因，可能只懂养生功效不懂技击应用；有的教练根本就不懂，只是模仿得好……如果直接询问，可能会造成教练的尴尬，为以后的学习人为造成了障碍，甚至难以为继。

6. 正确处理拆招学习与连贯练习的关系

拆招学习与连贯练习是教练教学的方法问题。拆招学习是为了便于掌握动作要领，将每势分解为若干动作进行教学。拆招学习不是目的。最终还要连贯练习。拆招学习是连贯练习的基础；连贯练习是拆招学习的终极目标。拆招学习可以一个动作一间断；连贯练习则要求动作之间必须自然连贯。

7. 学会记录学习笔记同时撰写心得体会

学会记录学习笔记同时撰写心得体会是值得推荐给习练者学习的良好方法之一。所谓"好记性抵不上一个烂笔头"。有了笔记，才能在余暇温故知新。学习时，只顾吸收，没有时间多思，有了笔记和体会，将来再回头看时，又会促使自己对所学武功的理解更进一步。

8. 艺成之后的正常困惑及努力的方向

武当传统，十年一功。这已是历史。据笔者学习及教学经验，专业训练武当武功，一般三年即有小成。关键是艺成之后，又感不足，甚至产生一系列的困惑，这里特别正告各位，困惑实属正常，这是你又要进一步深造的预兆，是你入道的一种反映，是你武功成熟的一种表象，要正确对待，才是出路。这时要学会广泛地与社会交流，如参加交流比赛、参加普及与推广活动、试着当一回教练等，同时在社会交往中不断吸收其他流派的"营养"以丰富和完善自己。

当你的武功练到一定程度的时候，自然就会以你本人为核心，产生一个新的学习群体。你在教学的前提下，将继承前人的优秀成果进行合理整合，然后开始推陈出新，形成新的技术和理论成果。这也是你应该努力的方向。

（六）结束语

武当恩师曾诚勉说："世上无难事，难在心不专。"武当派武功门内，最讲究把握阴阳平衡，洞悉虚实转换。"种瓜得瓜，种豆得豆。"不论你聪明或是笨拙，只要矢志不渝，必能由弱变强、柔中寓刚，求取武当武功大道。以上良言，请君细品精研，到实践中去印证，权当指引真爱武当者通向理想彼岸的"通途""捷径"和"宝典"。

后 记

从萌生整编念头到撰写《武当太和拳》历经10年，从实践到理论做了近3年的调查和研究工作，直至2022年完稿。

武当太和拳一直在武当道门秘传，更有"三人不说，六耳不传"的陈规，世面鲜见。当年武当百岁道长刘理航对于道传的功夫亦是择人而教，笔者有幸得到湖北省武当武术代表性传承人岳武老师亲传，十年如一日，苦心孤旨，专注于武当武术系列拳功，拳技的学习与研究，在武当传统套路及养生内功功法方面颇有收益。在校园教学中，借助武当太和拳训练，摸索了点滴值得交流的有效方式与方法。在岳武老师的鼓励与支持下，遂整理成书，期望成为校本特色教材，与大家分享。

撰写过程中，本教材得到了湖北汽车工业学院教务处、科技处、体育部，以及湖北汽车工业学院武当文化研究与传播中心、十堰市道教协会、十堰市武当拳法研究会等部门的大力支持；有幸得到著名武术家、中国"武林百杰""武术九段"江百龙教授的悉心指导；武当纯阳门宗师刘理航师爷和《武当》杂志社谭大江先生在生前提供了大量的文献和物证；十堰柳林武功院蔡奇辰院长及十堰市星峰纯阳武术馆蔡星峰馆长协助图片拍摄；湖北汽车工业学院杨立志教授、余超教授、黄永昌教授、余子义副教授给予帮助；武当山道教协会刘文国会长、武汉体育学院余水清教授、湖北汽车工业学院体育部同仁、同门师兄弟给予极大鼓励与支持，在此一并表示感谢！

初次撰写校本特色教材，经验不足，难免有不妥之处，敬请本门老师、师兄弟、其他流派专家、学者给予指导建议，以期今后进一步完善和丰富。

陈 玲
2022年4月

参考文献

[1] 江百龙，等.武术理论基础［M］.北京：人民体育出版社，1995.

[2] 全国体育学院教材委员会.体育学院专修通用教材——武术［M］.北京：人民体育出版社，1991.

[3] 杨立志.武当文化概论［M］.北京：社会科学文献出版社，2008.

[4] 岳武，陈玲.武当养生筋经八法［M］.北京：人民体育出版社，2015.

[5] 岳武.武当拳入门理论［D］.十堰：中国十堰武当拳法研究会，2004.